转型背景下融资契约与控制权配置
对企业创新及合作创新的影响研究

高艳慧 著

西北工业大学出版社

西　安

图书在版编目(CIP)数据

转型背景下融资契约与控制权配置对企业创新及合作
创新的影响研究 / 高艳慧著. — 西安：西北工业大学
出版社，2024.4
ISBN 978 - 7 - 5612 - 8821 - 4

Ⅰ．①转…　Ⅱ．①高…　Ⅲ．①融资-影响-企业创新
-研究　②股权结构-影响-企业创新-研究　Ⅳ．
①F273.1

中国国家版本馆 CIP 数据核字(2023)第 127113 号

ZHUANXING BEIJING XIA RONGZI QIYUE YU KONGZHIQUAN PEIZHI DUI QIYE
CHUANGXIN JI HEZUO CHUANGXIN DE YINGXIANG YANJIU

**转型背景下融资契约与控制权配置对企业创新及合作创新的
影响研究**

高艳慧　著

责任编辑：查秀婷		策划编辑：查秀婷	
责任校对：曹　江		装帧设计：李　飞	

出版发行：西北工业大学出版社
通信地址：西安市友谊西路 127 号　　　　邮编：710072
电　　话：(029)88491757，88493844
网　　址：www.nwpup.com
印　刷　者：西安日报社印务中心
开　　本：787 mm×1 092 mm　　　　1/16
印　　张：7
字　　数：137 千字
版　　次：2024 年 4 月第 1 版　　　2024 年 4 月第 1 次印刷
书　　号：ISBN 978 - 7 - 5612 - 8821 - 4
定　　价：39.00 元

前　　言

　　企业合作创新对中国调整经济结构、实施创新驱动战略具有重要意义,促进企业创新乃至合作创新是"互联网+"以及"创新创业"时代亟须回答的课题。在我国金融市场快速发展和完善的背景下,不同融资方式对企业创新及合作创新具有怎样的影响就是第一个需要研究的课题。同时,在合作创新中,一方面,利益分配是关键环节,决定利益分配的控制权配置显得尤为重要;另一方面,融资契约的选择不仅反映了企业的资金成本和融资风险,还会影响利益的分配(即控制权的配置),因而企业合作创新中如何选择融资契约进而合理安排控制权是当前社会各界共同关心的问题。本书在不完全契约理论框架下,科学利用数理模型、实证、实验方法,将融资契约选择与控制权配置问题相结合,系统深入地分析了融资契约(政府补贴、债务、股权和可转债)、控制权配置对企业创新和合作创新的影响。这有助于我们深刻理解和解释企业创新和合作创新效率问题,为促进企业创新与合作创新提供理论指导,为中国创新体制改革、推动创新驱动战略提供一定的政策参考。

　　本书内容分为六部分:第1章主要介绍本书所研究内容的现实背景和理论研究现状,揭示本书所述内容的重要性;第2章实证分析了融资契约对企业创新的影响;第3章基于数理模型分析了不同融资契约对企业产学研合作创新投入及合作绩效的影响;第4章基于实验室实验方法,对比分析了不同融资契约对产学研合作中控制权配置及其效率的影响;第5章实证对比分析了政府补贴和金融贷款这两种融资契约对产学研合作研发效率的影响;第6章在对本书研究内容及结论总结的基础上,提出政策建议及未来的研究方向。

本书得以出版，承蒙西安交通大学管理学院万迪昉教授的悉心指导，承蒙国家自然科学基金青年项目"转型背景下企业而合作创新投入及合作绩效研究：融资契约与控制权配置的影响"（项目编号：71702139）的资助，承蒙我的研究生的支持和帮助，在此，表示诚挚的谢意！

写作本书曾参阅了相关文献、资料，在此，谨向其作者深表谢意。

由于水平有限，书中疏漏不妥之处，恳请广大读者批评指正。

著　者

2023 年 1 月

目　　录

1 绪 论

1.1 研究背景及问题提出

1.1.1 融资约束仍是抑制企业创新的重要因素

实施创新驱动发展战略,是应对发展环境变化、把握发展自主权、提高核心竞争力的必然选择,是加快转变经济发展方式、破解经济发展深层次矛盾和问题的必然选择,是更好引领中国经济发展新常态、保持中国经济持续健康发展的必然选择(章文光 等,2016)。作为国家经济的微观主体,企业在创新方面的作用举足轻重(Hottenrott et al.,2014),我们无须赘言。在过去的几年里,我国上市公司的创新研发投入也不断增加(Wind 数据显示,2021 年我国上市公司研发费用突破万亿元大关,同比增长 26.23%。然而,与美国上市公司的研发支出规模相比,还存在较大差距),融资约束仍是抑制企业创新的重要因素,尤其是绿色创新等"负责任创新"(叶翠红,2021),融资模式滞后、渠道单一和融资额度有限等问题仍然存在(蔡元元,2021)。要提高企业创新投资,优化企业融资环境,减少企业融资约束是实现这一目标的重要途径之一(李汇东 等,2013;李健 等,2016)。因此,在我国金融市场不断发展和完善的背景下,不同融资方式对企业创新及合作创新具有怎样的影响就是第一个需要研究的问题。

1.1.2 合作创新的重要性

技术日新月异的进步和消费者需求的迅速多变,使得企业难以取得资源和技术的完全优势,企业开始更多地从外部寻求技术能力,合作创新成为企业创新的重要驱动力(Belderbos et al.,2015)。大量的文献研究也指出,合作创新是创新成功的关键(Gronum et al.,2012),是提升一国产业竞争力的重要途径(马卫华,李雅雯,2015)。在过去的数十年里,企业越来越依赖于通过合作创新来获得外部的资源(Veer et al.,2016)。在我国,尤其是从"互联网+""创新创业"在国家政策层面提出开始,诸如互联网、金融等众多行业迅速进入合纵连横、合作与创新的快车道。2015年,滴滴和快的上演了"打则惊天动地,合则恩爱到底"的诗篇;百度与荣耀在人工智能与硬件终端领域合作完成了线上和线下的高度融合;2016年,百度与人民日报战略合作,推动了媒体融合创新发展;2021年,长安汽车与京东签署合作协议,将在智慧出行领域进行深入合作。种种迹象表明中国经济已全面进入"合作创新时代"。我国也早就提出了建设以企业为主体、市场为导向、产学研结合的技术创新体系。然而,在企业与其他机构的"联姻"中,进展并没那么顺利,并暴露出了许多问题。在此背景下,如何促进企业合作创新进而更好地实施创新驱动战略以及调整国家经济结构是第二个需要研究的问题。

1.1.3 合作创新存在道德风险及利益冲突

企业合作创新以利益为驱动力、以优势互补为原则,在政府、中介和金融机构等的支持下,从20世纪80年代以来得到迅速发展。然而,合作并非都是那么融洽,合作创新中诸如搭便车、敲竹杠等谋求单边利益的机会主义行为层出不穷,严重影响协同创新效率(Atallah,2006;孙彩虹 等,2010),表现为科技资源的使用效率低下,产学研合作紧密度不够,等等。虽然,双方资源较强的互补性可以在一定程度上减少道德风险(Holmstrom,1982),但是合作双方各种潜在的利益冲突总是存在的。研究机构在关注研发产品的收益的同时,也重视学术声誉,而研究机构在与企业合作的过程中可能还与其他企业有合作,所以就会出现项目交叉和替代的情况;企业主要关注产品收益,在与研究机构合作的过程中可能也与其他企业有合作,所以可能会把研究机构的一些技术泄露给其他企业,以谋求更多的利益。现实生活中,利益冲突导致的合作关系分崩瓦解的鲜活案例并不罕见。2014年9月,百度与宝马签署为期3年的合作研发协议,然而就在2016年11月百度无人车在乌镇实现首次开放城市道路运营的时候,其重要合作伙伴宝马却提前离场。无独有偶,2016 年 10 月,北京国安表示与乐视合作破裂;2022 年 11 月,暴雪与网易 14 年的合作宣布分手,具体原因不足为外人道,但根本原因无外乎利益上的冲突。因此,企业合作创新中决定利益分配的控制权的分配就显得尤为重要。持续一年多的万科控制权之争事件也表明了控制权在合作中的重要性。依据不完全契约理论,合作创新活动是发生在合作者之间的契约安排下,合作创新的成功依赖于双方的投入,而投入的多少是不可证实的,可以通过契约确定的只有控制权的配置方式。控制权配置决定利益分配,因而是促进合作创新的关键。因此,如何合理安排企业合作创新的控制权结构以解决合作双方的利益冲突,是当前中国企业合作创新领域亟待解决的问题。

1.1.4 创新激励方式的转变及融资契约的多样化

在实践中,虽然通过政府补贴来促进创新得到很多国家的认同与应用,但他们并没有认为补贴就是最好的方法,尤其是对于非基础性的应用型研发活动(Narula et al.,1998)。事实上,早在 1912 年,奥地利籍经济学家熊彼特就指出创新必须要配合有资本与高度发达的金融信用制度,他强调能有效组合运用资本和技术等生产要素进行“创新”的创新主体以及社会环境和经济条件的作用。在美国,政府也资助一些应用型研发活动,但其主要目的在于设计合适的政策鼓励民间资金投入,以放大科研资金池,更重要的是营造一个探索方向分散、选择和决策多元化的环境(董洁林,2013)。无疑,多元化的经费来源为研发活动的多元化提供了重要的制度保障。随着我国创新体制的改革、经济逐步向市场经济转型,政府主导的被动式创新正在逐渐转变,大幅放宽民间投资市场准入,鼓励社会资本发起设立股权投资基金。政府采取投资补助、资本金注入、设立基金等办法,引导社会资本投入重点项目,持续推动大众创业、万众创新,打造众创、众包、众扶和众筹平台,构建大中小企业、高校、科研机构、创客等多方协同的新型创业创新机制,发展天使、创业、产业等投资。同时,要推进股票、债券市场改革和法治化建设,促进多层次资本市场健康发展。随着资本市场不断发展和完善,企业合作创新的融资渠道将日益多样化。因此,在政府资助的被动创新模式逐步向市场驱动的主动创新转变以及市场融资契约逐渐多样化的过程中,如何选择合适的融资契约将成为企业合作创新亟须关注的重要问题。

1.2 国内外研究现状

1.2.1 融资契约对企业研发影响的相关研究

鉴于目前国家统计报表中,企业研发资金支出的主要来源除了企业自有资金,就是政府资金和金融贷款,因此,学术界早期关于融资契约对企业研发影响的研究也主要集中在政府补贴和金融贷款这两个方面。近些年,也出现了少量关于股权融资、资本结构与企业研发关系的研究。

(1)政府补贴对企业研发影响的相关研究。

关于政府补贴对企业研发效率的影响,国内外学者进行了大量研究,这些研究可以归纳为两类:一是政府补贴与企业研发投入的关系;二是政府补贴与企业研发产出的关系。

针对政府补贴与企业研发投入的关系,主要形成了两种观点:挤出效应(David et al.,2000;Wallsten,2000)和刺激效应(Elias et al.,2014)。目前,政府补贴对企业研发投入的效应仍存在争议,利用西班牙制造业的数据研究发现,根本不存在挤出效应,刺激效应虽然存在但不明显。较近的研究倾向于否认挤出效应(Czarnitzki et al.,2013)。翟海燕、董静和汪江平(2015)则从动态的视角研究发现,政府补贴对企业研发投入在短期具有一定的激励作用,但就中长期而言,这种激励作用十分有限。

关于政府补贴与企业研发产出的关系,西方学者得出的观点比较统一,认为政府补贴虽然比企业自有资金有着较低的研发回报率,但是对于企业研发产出仍有正向的影响(Czarnitzki et al.,2014;Bronzini et al.,2016)。而 Marcus 和 Howard(2003)基于日本和韩国的产业政策案例进行研究,并没有发现全国或产业的生产率与有选择性的研发补贴活动有显著的关系。在利用中国数据进行的研究中,政府补贴对于企业研发产出的影响没有统一的结论,主要观点有 3 种:正向影响(程华 等,2008;梁莱歆 等,2009;高艳慧 等,2011),负向影响(赵中华 等,2013;毛其淋 等,2015;林洲钰 等,2015),无显著影响(吴剑锋 等,2014;杨洋 等,2015)。

(2)金融贷款对企业研发效率的影响。

由于研发资产的无形性,投资者一般不愿意进行债务投资(Williamson,1988),所以,大部分研究都表明,债务契约对研发投资提供了不恰当的治理措施,从而使得债务和研发强度负相关。Skrepnek 研究发现,债务会增加企业的边际税率,进而负向影响企业的研发支出。而 David 等(2008)利用日本企业的数据,将债务分成交易债和关系债,分析表明,债务结构安排合理的企业的研发绩效显著较高。基于中国的数据,温军等人(2011)研究发现,关系型债务对企业研发投入有正向影响,而且关系型债务对中小企业研发投入的影响要显著大于大型企业。程华和赵祥(2008)利用大中型工业企业相关数据研究发现,金融机构贷款对企业科学研究与试验发展(Research and Development,R&D)产出的作用不显著;梁莱歆等人(2009)利用中国大中型工业企业的数据研究发现,金融机构资金比重过大会对企业技术创新效果有一定抑制作用。王旭(2015)也发现,债务本身与企业创新程度呈负相关。但是,近些年也有学者研究发现,债务融资与企业创新正相关(钟腾 等,2017)。

(3)股权融资对企业创新的影响。

股权融资是对企业创新非常重要的影响因素之一,关于股权融资对企业创新的影响吸引了很多学者注意。在股权融资中,创新企业能够以新技术、新产品的潜在高额回报吸引投资者,企业创新的资金需求和投资者追求高额回报、承担高风险的激励相一致,创新企业通过股权融资往往更易获得资金。要发挥股权融资对技术创新的重要支持作用,必须构建优良的制度环境充分保护投资者的权益(张一林 等,2016)。孙早等以中国战略性新兴产业为研究样本,研究了融资结构对企业创新的作用,研究结果表明,股权融资的增加能更好地推动企业创新。钟田丽等以 2009—2011 年间中国创业板公司为样本,研究融资结构与创新投入的关系,发现股权融资比重越高,创新投入也越高,两者呈正相关关系,而债权融资比重与创新投入负相关。李汇东等(2013)探讨了内源融资、外源融资怎样影响企业创新,研究结果表明,股权融资对创新起着推动作用,通过股权融资的方式筹集资金可以使企业未来创新投资保持持续性。刘端等(2019)以中国制造业上市公司作为研究对象,研究股权增发对企业研发投入和创新产出的作用,发现中国资本市场股权增发会有效促进企业研发创新的投入和产出,上市公司增发股票对公司当期研发投入和后续创新产出存在显著的正向影响。王乾宇等(2020)研究发现,股权融资有效激励了企业创新。在小规模企业、初创型企业或者没有政府补助的企业中,股权融资对企业创新的激励效应显著;股权融资对突破性创新和渐进性创新具有显著的促进效应,创新投入在股权融资影响突破性创新模式选择中发挥部分中介效应,创新投入在股权融资对渐进性创新的影响中发挥完全中介效应(刘家树 等,2020)。汪军(2019)研究了创业板上市公司研发投入的融资偏好,研究结果表明,对于创业板上市公司来说,与债权融资相比,股权融资的增加会使研发投入有较大程度地增加。宋玉臣等(2021)以2006—2019年中国A股制造业上市公司为样本,构建双重差分模型,研究发现,上市公司在进行股权再融资后,企业创新水平得到了显著提升,但该作用仅在非公开发行和现金认购的再融资中显著。

(4)资本结构对企业研发效率的影响。

Aghion等(2004)采用英国上市公司的数据,分析了研发强度对融资方式选择的影响。结果发现,研发投入低的企业比没有研发投入的企业采用更多的债务融资,但是债务融资的使用会随着研发强度的增加而减少;相比没有研发投入的企业,有研发投入的企业会发行更多的股票,而股票的发行会进一步增加企业的研发强度。Arikawa则同时研究了债务和股票对企业研发投入的影响,通过对日本上市企业的分析发现,高杠杆会导致较低研发投入,而研发投入与股权融资则没有显著关系。而Brown等(2009)通过宏观分析美国年轻的高技术产业上市公司,发现股票市场的完善有利于促进研发投入。夏冠军等(2012)利用中国上市公司的数据,分析了外部股权融资与企业研发投入的关系。结果表明,高新技术上市公司的研发投入与外部股权融资正相关,并且这种正向影响对规模小的企业更为明显。Brown(2013)研究发现容易获得股票市场融资的企业会有较高的研发投资长期回报率;债务市场的发展对研发投入则没有显著影响。Xu,Y等(2014)通过跨国数据分析指出,股票市场的发展会促进创新效率,而信贷市场的发展则会抑制创新效率。许昊等(2015)研究了风险投资(VC)与私募股权投资(PE)对企业创新投入的影响,发现VC是促进企业首次公开募股(IPO)前创新投入的有效投资者,而PE与企业创新投入的关系不明显。Lewis等(2016)研究发现,当分析师对企业长期增长期望持乐观态度时,管理者会发行较多的股票而不是债券。Acharya等(2016)认为,与外部金融依赖型行业中的上市公司相比,私营企业会进行更多的研发活动,并获得更好的专利组合。Geelen通过理论模型研究发现,杠杆总体上是促进创新的。

这些研究大都仅关注了创新投入这一个方面,而忽视了创新产出。陈岩等(2016)进行了为数不多的同时关注创新投入和创新产出的研究,但仅探讨了国有企业中债务融资对创新的影响,没有将其与股权融资进行比较。他们将债务划分为长期债务和流动债务,探讨了债务异质性如何影响企业创新,结果发现,国有流动债务由于短期和长期利益冲突抑制了企业创新投入,但降低了委托代理成本,有利于企业创新产出。然而,长期债务存在一定程度的"滥用"不仅不利于企业创新产出,对创新投入的影响也并不明显。由此可见,债务对企业创新投入和创新产出的影响并不一致,因此,同时探讨债务和股权融资对企业创新投入和产出的影响至关重要。

1.2.2　传统理论视角下合作创新研究的不足

自从合作创新的重要性被大众熟知以来,关于如何促进合作创新以及合作创新的影响因素就被理论界和实务界所关注,许多学者从不同视角对这一问题展开了深入研究,并产生了许多有价值的研究成果。归纳起来,理论界对企业合作创新问题的研究主要沿袭了产业组织视角理论、交易成本理论、资源依赖理论和不完全契约理论等4种。

在产业组织视角下,学者主要关注的对象是具有竞争性的企业,采用的方法主要是博弈,研究企业间合作研发的激励和财富效应,强调产品市场竞争程度的重要性,很少关注不同类型的合作者。

交易成本理论被 Coase 提出以来,就经常被用来分析技术合作。该理论认为市场上的技术交易存在较高的交易成本,而通过合作,企业可以用较低的交易成本实现技术的转移。然而,交易成本仅仅是合作研发的部分驱动因素。交易成本理论主要强调组织交易的特征,而忽略了合作研发的资源需求。事实上,合作研发不仅强调组织间的协调交易,而且可以获取、开发资源。因此,Leon 等拓展了交易成本理论分析框架,将资源视角理论与交易成本理论相融合,对合作研发进行了分析。

无论是产业组织视角理论,还是交易成本理论与资源依赖理论,都假定合作协议是一个完全契约。事实上,由于某种程度的有限理性或者交易费用以及关于契约信息的可观察但不可证实性,契约总是不完备的(Hart et al.,1988)。同时,不完全契约理论认为,不同的控制权安排会影响资产所有者各方的投资决策,而且达成契约后也会对各方产生不同的激励,从而影响效率。2016 年,经济学诺贝尔奖颁予研究契约理论的 Hart 和 Holmstrom,可见契约理论的应用价值。因此,考虑到创新的高度不确定性及合作中的机会主义行为,对合作创新问题的研究更适合从不完全契约框架下进行,这将有利于引导合作双方进行最优的投入,避免机会主义行为的出现。

1.2.3 融资契约对企业合作创新影响的相关研究

相较于融资契约对企业研发影响的大量研究,融资契约对企业合作创新影响的研究则比较薄弱。由于理论界和实务界对国家政策的关注,关于融资契约对企业合作创新的影响,主要集中在政府补贴方面。当前关于融资契约对企业合作创新的影响研究,主要是针对融资方式的影响,而不是从不完全契约理论出发的真正意义上的融资契约理论视角下的分析。

(1)Larry 等讨论了国际 R&D 合作的最优政策问题,其结论是政府补贴对合作程度有显著的正向影响。Cassiman(2000)认为,政府补贴会有效促进研发合作的产生。Stenbacka 和 Tombak 将研发组织分为两类,即研发竞争和研发合作,研究了两种组织中成本补贴怎样影响研发投资。他们发现尽管最优政策涉及成本补贴计划,但补贴竞争型合作研发是最优的。Hinloopen(1997,2000)研究了研发补贴的作用与企业合作程度的关系,结果表明,补贴非合作研发比补贴合作研发更能促进企业研发投入。Kauko 设定了一个企业在研发阶段合作、产出阶段竞争的情境,研究发现,如果双方的研发投入是互补的时候,补贴甚至有可能对企业有害。Sandonís J(2012)通过构建一个寡头垄断模型得出了类似的结果。在实证方面,Folster(1995)通过数据检验了补贴的有效性,结果表明,政府对存在成果分享的研发合作补贴政策,促进了企业间的合作,然而,会降低企业研发投入的积极性,对不存在成果分享的研发合作进行补贴并不能促进企业间的合作。Ballesteros 等(2001)对西班牙国家研发计划下的合作项目进行了分析,结果表明,补贴资金既没有授予那些最需要资金的企业,也没有增加合作水平。Broekel 利用德国的数据研究发现,补贴合作研发是一项有效刺激区域创新效率的政策。他认为研发补贴不只提供货币激励,还会通过鼓励合作成员知识共享而影响合作行为。Morriso 通过实证研究指出,获得国家合作研发补贴的企业能在国家知识网络中占有更好的位置。

相较于国外关于补贴与合作创新关系较早的丰富研究,国内的相关研究则较晚、较少,且主要集中在博弈模型的构建上。傅强和曾琼(2008)基于信息不对称条件,引入了社会扭曲成本与社会收益变量,构建了互补性研发合作成员在政府不同激励工具下的决策模型,对比分析了在补贴和监督两种政策工具下互补性研发成员的决策。生延超(2008)构建了合作研发博弈模型,对比分析了在创新投入方面和创新产品方面两种补贴的效应。孟卫军和张子健针对供应链产品创新合作的政府补贴问题,分别构建了在纳什博弈、斯坦克尔伯格博弈以及合作博弈3种不同的博弈关系下,政府对制造商和供应商合作研发投入进行补贴的博弈模型,分别分析了企业的最优研发投入和政府的最优补贴。孟卫军通过建立一个关于政府和双寡头的三阶段研发-补贴博弈模型,分别对合作和不合作研发的政府研发补贴政策进行了研究。齐欣等(2015)构建了两阶段双寡头博弈模型,分析了研究型合资企业和 R&D 两种研发模式下政府补贴的有效性。近几年开始出现政府补贴与合作研发关系的实证研究。黄贤凤等(2014)研究发现,政府研发资助对产学研合作研发具有显著地促进作用,但对企业间合作研发没有显著的影响。在大多针对补贴与合作创新的关系进行研究的情况下,Santamaría 等(2010)对补贴和贷款在激励合作研发方面作用的对比研究对本研究具有重要的借鉴意义。他们首先构建了一个模型研究了激励公共项目选择的因素以及相应的融资工具(补贴和贷款),然后利用西班牙项目的合作研发数据进行了检验。主要的结果如下:和市场比较接近的项目采用债务融资工具,基础性的研究项目采用补贴的形式;就促进合作而言,政府偏好与大学和其他技术机构的合作,通常采用补贴的方式,然而,效果一般。

1.2.4 不完全契约框架下控制权配置对企业合作创新影响的研究述评

Aghion 基于不完全契约框架对合作创新的分析,是我们所能查阅到的最早的研究,其分析了控制权配置对投资者和研究者之间合作研发活动的影响。该研究基本上属于纯委托代理问题,没有涉及双方同时投入努力的情况。并且 Aghion 认为产权要么分配给研究者,要么分配给投资者,属于离散型分配,而现实中可能是连续的。因此,对于控制权如何分配问题,学者又进行了大量的讨论,联合所有成为主要的配置方式,并且在美国和欧洲,相等的或近似相等的控制权配置方式是最为普遍的合作形式。Hauswald 通过静态的研发合作模型和数据解释了其原因,认为控制权私人收益的存在会降低合作者的投入激励,而在相等的或近似相等的控制权配置情况下控制权私人收益不复存在,所以能够实现最优。但是,Hart 和 Holmstrom 认为对等的控制权形式不能有效激励合作者。而且,由于合作双方资源成本、私有信息、激励需求的差异,最优的控制权配置应该是不对称的。Habib 等预测了控制权安排的不对称特性。Rosenkranz 等(2003)则将控制权配置问题拓展到动态的模型中,认为最优的控制权配置是随着时间而变化的。Li J 等(2009)分析了不同的国际合作模式怎样安排控制权。Kojun 构建了研究机构之间的合作研发模型,讨论了专利产权配置与创新专属性投入的关系。结果发现,联合所有对于专利产出来说是最优的控制权结构。Mantecon 等(2015)研究表明:合作契约中控制权的联合配置减少了潜在的事后机会主义行为,促进了合作,提高了合资企业的绩效。

由上述可见,国外关于控制权配置与合作创新的关系已进行了大量研究,并认为联合控制权配置是较好的安排。而国内对于合作创新中控制权配置的研究近几年才刚刚兴起。李东和罗倩(2013)通过理论分析指出合理控制权的配置受到载体类型的影响,比如创新控制权并不是在"企业"和"大学或科研机构"这些法律主体间分配,而是在两种知识或能力,即研发能力和管理能力之间分配。马家喜和金新元(2014)从控制权的视角建模分析了产学研集成创新模式,给出了短期合作关系下集中控制与分散控制、长期合作关系下集中控制与分散控制四种不同情形的子博弈完美纳什均衡解。这些研究都比较笼统,缺乏具体针对控制权配置比例的分析。高艳慧等(2014)通过实验初步研究了所有权配置比例与合作研发创新投入的关系,该研究是本项目研究的一个重要前期基础。

综上,现有基于不完全契约理论框架对合作创新问题进行的研究,主要集中在理论分析层面,且主要从控制权配置的视角展开,这对本研究有重要的借鉴意义,尤其是合作双方资源成本、激励需求会影响控制权配置的观点对本研究大有启示,但是这些研究没有将融资契约选择与控制权配置相结合来分析资源成本、激励需求到底如何影响合作创新中控制权的配置。事实上,将融资契约与控制权配置相结合进行分析是必要的。

1.2.5 融资契约与控制权配置相结合的必要性及相关研究述评

随着控制权理论的兴起,"控制权"被引入融资契约分析的范畴(徐细雄 等,2011)。该类研究的代表是 Aghion 和 Bolton 的模型分析,他们研究认为:①如果企业的控制权掌握在投资者手中是最优选择,那么企业应发行有投票权的股票融资,在这种情况下,一个可行的选择是让经理人成为投资者的雇员;②如果企业的控制权掌握在经理人手中是最优选择,那么就应该通过发行无投票权的股票(如优先股)融资;③如果企业的控制权要依状态(信号)而定,企业可通过债券方式融资。之后,学者结合"控制权相机转移思想"发展形成了融资契约理论,主要分析融资契约和控制权分配之间的关系,认为融资契约可用来调节企业资本结构,进而确定投资人与企业之间对未来控制权的分配,这是现代资本结构理论的最新发展(汤洪波,2006)。该理论在风险投资领域得到广泛应用(Schmidt et al.,2006;李建军 等,2010;费文颖,2013;陈庭强 等,2014)。可见,融资契约与控制权有着内在的必然联系。

对于合作创新来说,更为重要的是融资契约会对企业合作创新中的控制权配置产生影响。一般来说,选择什么样的融资契约,取决于企业自身经营财务状况、资金成本、融资风险等因素。也就是说,融资契约的选择反映了企业的资金成本和融资风险,而这将影响到企业在合作中的谈判地位。我们经常会说"来得容易,去得也容易",人们对于易于得到的财富并不很珍惜,容易在下一次交易中大手大脚地花出去(刘海洋 等,2012)。对于企业也是如此,如果企业进行合作研发的资金来源是政府补贴(无成本),那么企业在合作谈判中对收益的重视程度将有所降低,从而谈判的认真程度下降。同时,合作伙伴也会认为:既然你们有那么多渠道获得财富,就应该对我方"慷慨"一点。可见,企业融资契约的低成本优势会在一定程度上降低企业讨价还价的能力,也就是说,融资契约的选择会影响企业在合作中的谈判地位。而合作中的谈判地位会直接影响到双方在合作中的利益分配(代建生 等,2015),即控制权的配置,进而影响企业在合作创新中的投资决策,从而影响合作创新绩效。事实上,早在1998年,Lerner 等就已经研究指出控制权的配置会受到技术联盟中合作方的财务状况和融资环境的影响,但是后续研究并没有就此展开。

综上,鉴于融资契约与控制权之间的内在必然联系以及融资契约会影响企业合作创新中的控制权配置,本研究基于不完全契约的框架,将融资契约选择与控制权配置结合起来分析企业合作创新问题就非常有必要。

1.2.6 研究述评

通过重新梳理和系统归纳与本书相关领域的研究成果,描绘出了已有相关研究的大体框架,为本(书的)研究提供了理论基础。

(1)关于融资契约对企业创新影响的研究大都仅关注了创新投入这一个方面,而忽视了创新产出。陈岩等(2016)进行了为数不多的同时关注创新投入和创新产出的研究,但仅探讨了国有企业中债务融资对创新的影响,没有将其与股权融资进行比较。

(2)鉴于合作创新契约的不完备性、不完全契约理论的前沿性,本研究基于不完全契约框架分析合作创新问题十分必要。

(3)当前关于融资契约对企业合作创新影响的研究很少,且主要集中在政府补贴与企业合作创新关系的博弈模型分析方面,缺乏对比分析几种融资契约对企业合作创新影响的理论和实证研究。更为重要的是,当前关于融资契约对企业合作创新影响的研究主要是分析融资方式的影响,而不是从控制权配置思想出发的真正意义上的融资契约理论视角下的分析。因此,本书基于融资契约理论框架,综合利用数理模型、实证、实验方法对比分析政府补贴、债、股权和可转债四种融资契约对企业合作创新投入及合作创新绩效的影响具有重要意义。

(4)关于控制权配置对合作创新的影响,国外学者已进行了大量研究,但结论并不统一;至于国内研究则是近几年才刚刚兴起,且主要集中在理论分析层面,对于控制权配置究竟如何影响企业合作创新投入进而影响合作创新绩效则缺乏系统深入的理论分析和数据检验。因此,本书基于不完全契约框架,结合中国特色,综合利用数理模型、实证、实验方法深入分析控制权配置比例、静态和动态控制权配置对企业合作创新投入乃至合作创新绩效的影响具有重要的意义。

(5)融资契约选择与控制权配置都是影响企业合作创新的重要因素,但当前合作创新领域的已有文献均将二者分离开来进行研究。事实上,融资契约与控制权配置关系密切,融资契约选择会影响控制权的配置,将二者相结合分析合作创新问题十分必要。这就意味着本书基于不完全契约框架综合分析融资契约与控制权配置相对企业合作创新投入及合作创新绩效的研究是一个崭新且合理的研究视角。

综上,本书基于不完全契约框架,结合中国的制度背景构建数学模型,系统深入地分析融资契约选择、控制权配置对企业合作创新投入及合作创新绩效的影响,并通过实验和实证方法分别从内外部效度进行检验,具有重要的理论和现实意义。考虑到合作创新的类型众多,本书以受到各界重点关注的产学研合作为研究对象。

2 融资契约对企业创新的影响

对上市公司来说,股权融资和债务融资是其两大重要融资渠道。不同的融资渠道,其资金压力、融资风险都不同,那么对于创新的激励作用也不同。因此,本章拟通过收集我国 2008—2018 年全部 A 股上市企业数据,结合相关理论研究,进一步探讨如下重要但学界和业界尚未充分关注的问题:①债务融资和股权融资如何影响公司创新支出? ②债务融资和股权融资如何影响公司创新产出? ③债务融资和股权融资在公司创新支出与创新产出的关系中扮演了怎样的角色?

2.1 理论回顾与研究假设

2.1.1 债务融资、股权融资与创新研发投入

企业的技术创新需要投入巨额的资金,且具有不确定性、投资周期长等特点,这些特点表明企业的创新研发投入面临较高的风险。如果企业存在融资约束,显然会限制创新研发投入。因此,无论是债务融资还是股权融资都增加了企业的现金流,对于创新研发投入都应该是具有促进作用的。

债务融资会给企业带来还本付息的压力,也使得企业面临较高的破产风险。债务越多的公司越倾向于投资风险较小的非创新类项目以获得相对稳定的现金收益来减少破产风险和压力。并且,由于信息不对称、逆向选择与道德风险,随着债务的增加其边际成本可能迅速上升,因此债务融资可能会削弱企业的创新研发投入。而对于股权融资,企业无需还本付息,我国上市公司运作还不规范,企业没有固定的股利负担,资金压力较小,因此,股权融资会使企业更愿意通过

科研创新来提高企业的成长性。Chen 等研究发现,IPO 后企业会增加开发性创新。创新能够帮助企业在市场竞争中获得有利的地位,并且向市场传达良好的信息(Simone et al.,2015)。鉴于此,本章提出如下假设:

H1:相较于债务融资,股权融资更能促进上市公司的创新研发投入。

H1a:债务融资与企业创新研发投入呈负相关关系。

H1b:股权融资与企业创新研发投入呈正相关关系。

2.1.2 债务融资、股权融资与创新产出

债务融资和股权融资皆能为企业创新给予一定的资金支持,缓解企业因创新而产生的资金压力,为其创新提供较为持续的资金来源,所以债务融资和股权融资都能够促进企业的创新产出。债务融资和股权融资对企业的资金压力不同,企业的预期回报率就不同,对于企业创新投资也不例外。Acharya 和 Xu(2017)研究认为,资金成本高的企业会更有效地使用他们的资金。同时,债务融资的资金压力可以对企业管理者的行为进行约束,降低委托代理成本(何威风等,2018),从而提高企业创新投资的效率。债务融资会使债务贷款人受到更频繁、更严格的债权人监督,评估企业是否拥有良好的创新能力,减少了企业信息问题,尤其是短期债务更是极大地减少了企业资金的滥用(陈岩等,2016)。因此,债务融资的企业会对创新项目进行更严格的审查,促进了创新产出。传统的观点认为,企业缺少有形资产的抵押,难以获得债务融资。但是,新的研究发现,专利抵押已经非常普遍。企业为了偿还债务并获得新的债务融资,就必须提供高质量的创新产出。

相比于债务融资,股权融资不要求公司提供抵押品,也没有承诺投资者到期必须还本付息,对企业没有大的资金压力,所以创新投资的预期回报率就比较低。同时,过多的股权融资会使企业融资结构不合理,影响企业融资成本,降低投资收益率。但由于资本市场上的信息是公开且流动的,创新是投资者关注的有用信息之一,不少研究表明研发创新产出能够增加企业的价值,带来企业经济效益提高(黎文靖 等,2016),因此创新产出高的企业会更容易向资本市场释放出良好的信号,带来更高的股价。企业为了提高股价,会提高创新产出。因此,提出以下假设:

H2:债务融资和股权融资与上市公司创新产出均呈正相关关系,但相比于债务融资,股权融资对创新产出促进作用较弱。

2.1.3　债务融资、股权融资对研发投入和创新产出关系的调节作用

常言道:付出总有回报。但对于创新这一不确定性高、知识溢出等问题严重的活动来说,并不意味着"多劳多得"。黄鲁成等综合考虑研发投入与产出的关系,通过1995—2003年企业数据用格兰杰因果关系分析法证实二者之间没有显著的因果关系。潘娟和张玉喜基于2007—2016年中国30个省域的面板数据也发现,中国研发投入创新效率整体处于偏低水平,并用随机前沿法证实政府和金融机构研发创新效率远低于企业研发投入科技创新产出效率。这表明,资金来源会影响创新效率。陶爱萍等也得出了类似的结论。因此,债务融资和股权融资在创新投入和创新产出的关系中究竟发挥什么作用是一个非常重要的问题。

如前所述,债务融资、股权融资对企业的资金压力不同,使得企业对它们的利用率和期望回报率都不同。因此,债务融资还本付息的压力会促使企业更好地将创新支出转化为产出,以获得收益来还本付息并获得新的债务融资。当债务压力过高时,企业可能会将更多的精力投入到投资周期短、获益比较确定的短期创新项目中,比如非发明专利创新产出,这有利于创新效率的提高。而股权融资对企业没有太大的资金压力,使得企业有一个较低的预期回报率,企业将创新支出转化为创新产出的动力没有债务融资那么大。因此,提出以下假设:

H3a:债务融资对创新投入与创新产出的关系存在正向的调节作用。

H3b:股权融资对创新投入与创新产出的关系存在负向的调节作用。

基于以上假设,绘制了如图2-1所示的假设模型。

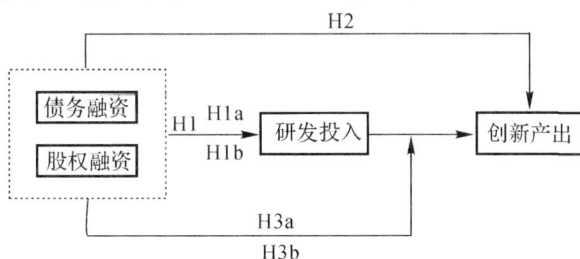

图2-1　假设模型

2.2 研究设计

2.2.1 数据来源

所有数据来源于国泰安数据库,本书选取了我国全部A股上市公司2008—2018年的数据,为保证实证结果的可靠性,借鉴李汇东等学者的做法,剔除了特别处理(Special Treatment,ST)类企业,同时基于证监会2012版行业分类划分的19种行业,剔除金融业,涵盖制造业、科学研究和技术服务业、信息传输、交通运输等18个行业。借鉴陈岩、黎文靖和郑曼妮的做法以及研究需要,本文剔除异常指标样本:首先,剔除年份数据缺失的观测值以及仅上市一年的企业的观测值;其次,剔除总资产为负的样本值以及股东权益小于0的样本值;最后,共得到3 343个企业样本、共23 236个观测值。

本章使用STATA14软件,为对比债股融资对企业创新的影响,采用混合OLS回归方法;为消除异方差的影响,对所有模型进行了Robust异方差修正,并对所有回归结果进行了方差膨胀因子VIF检验,所有结果平均VIF值均小于10,所以可以认为本章回归模型没有显著多重共线性问题。

2.2.2 变量定义

(1)债务融资(Debt)与股权融资(Equity)。

根据李汇东等(2013)的研究,采用本年度与前一年度总债务的变化额与总资产的比值来衡量企业的债务融资率,用本年度与前一年度资本公积与股本之和的变化额与总资产的比值来衡量企业的股权融资率。

(2)创新绩效产出(Lnpatent)。

借鉴钟腾(2017)的研究,以专利申请数量来衡量企业的创新绩效。

(3)研发投入(RDS)。

借鉴李汇东等(2013)、林菁璐等的研究,以研发投入占营业收入的比例来衡量企业的研发投入水平。

(4)控制变量。

根据黎文婧等(2016)的研究,选择以下控制变量:

1)管理层持股比例(Msh)与管理层薪酬(Lmc)。管理层持股比例与管理层薪酬高,会驱使管理层与企业利益趋同,同时也增强了企业风险承担能力(何威风 等,2018),管理层会根据企业状况增加研发投资以此来获得更多的创新产出,促进企业盈利。

2)人力资本(Staff)。人力是企业的一个重要资源,人力资本高的企业可能会为企业创造更多有价值的创新产出。

3)企业规模(Size)。规模越大的企业,越有可能会造成企业的"冗余",不利于企业创新产出绩效。

4)资产担保价值和专用程度(Tana)。如果存货和固定资产占比较大,那么企业运营资金可能就会相应不足,因此不利于企业研发投入,但由于存货和固定资产是企业获得债务融资的重要抵押品,基于债务到期还本的压力,有利于企业创新产出。

5)资产流动性(Liqu)。公司资产流动性高可以减轻现金流不确定的情况,能够为创新研发提供较为持续的现金投入,促进上市公司研发投入以及创新产出。

6)资产回报率(Roa)。资产回报率越高的企业,其创新能力相对越好。在这种情况下,企业不会盲目进行投资,而是追求利益最大化,即在有限的研发投入中获得更多的创新产出,因此可能会对研发投入产生负向的影响,对创新产出产生正向的影响。

7)现金流(CF)。现金流是创新的一个重要因素,充足的现金流能够缓解企业在研发过程中的融资约束,促进企业创新投资。

8)盈利能力(Prof)。盈利能力高的企业可能会对财务危机更加敏感,会优先偿还债务,同时为了保持较高的盈利率,企业可能会减少具有高风险的创新活动,所以对于创新产出可能存在负向影响。

在选择以上控制变量的同时也对企业样本年进行控制,变量定义及计算方法详如表2-1所示。

表 2-1　主要变量定义

变量名	变量定义
LnPatent	总创新绩效产出。定义为企业总专利申请数量加1并取自然对数
Debt	债务融资。定义为(t期总负债－$t-1$期总负债)/t期总资产
Equity	股权融资。定义为(t期股本＋t期资本公积)－($t-1$期股本＋$t-1$期资本公积)/t期总资产
RDS	研发投入。定义为研发投入占总营业收入的比例
Tana	资产担保价值和专用程度。定义为(存货 ＋ 固定资产)/总资产

变量名	变量定义
CF	现金流。经营活动中产生的现金流与总资产的比例
Lmc	管理层平均薪酬。定义为管理层总薪酬/(管理层人数－不领薪的管理层人数后取自然对数)
Msh	管理层持股比例。定义为 t 期管理层(包括董事、监事、高管)的持股比例
Roa	资产回报率。定义为净利润除以总资产
Liqu	资产流动性。定义为(流动资产－存货)/总资产
Size	企业规模。定义为总资产取对数
Staff	人力资源。定义为总员工数取自然对数
Prof	盈利能力。定义为利润总额除以总资产
Year	样本年

2.2.3　模型设计

(1)债务融资、股权融资与企业研发投入。

为了探讨企业融资结构(债务融资、股权融资)与企业研发投入的关系,借鉴陈岩等、李汇东等的研究,构建回归模型为

$$\mathrm{RDS}_{i,t} = \alpha_0 + \alpha_1 \mathrm{Debt}_{i,t} + \alpha_2 \mathrm{Equity}_{i,t} + \alpha_3 \mathrm{Tana}_{i,t} + \alpha_4 \mathrm{CF}_{i,t} + \alpha_5 \mathrm{Lmc}_{i,t}$$
$$+ \alpha_6 \mathrm{Msh}_{i,t} + \alpha_7 \mathrm{Roa}_{i,t} + \alpha_8 \mathrm{Liqu}_{i,t} + \sum \mathrm{Year} + \varepsilon \qquad (2-1)$$

式中,i 表示个体企业,t 表示当年年度,RDS 表示企业研发投入,Equity 表示企业股权融资,Debt 表示企业债务融资,其他控制变量(Tana、CF、Lmc、Msh、Roa、Liqu)定义详见表 2－1。模型(2－1)是为了对比不同融资方式对企业研发投入的影响,以此验证假设 H1。

(2)债务融资、股权融资与企业创新产出。

为了探讨企业融资结构(债务融资、股权融资)与企业创新产出的关系,我们构建如下回归模型:

$$\mathrm{LnPatent}_{i,t} = \alpha_0 + \alpha_1 \mathrm{Debt}_{i,t-1} + \alpha_2 \mathrm{Equity}_{i,t-1} + \alpha_3 \mathrm{Tana}_{i,t-1} +$$
$$\alpha_4 \mathrm{Liqu}_{i,t-1} + \alpha_5 \mathrm{Lmc}_{i,t-1} + \alpha_6 \mathrm{Roa}_{i,t-1} + \alpha_7 \mathrm{Size}_{i,t-1} +$$
$$\alpha_8 \mathrm{Staff}_{i,t-1} + \alpha_9 \mathrm{Prof}_{i,t-1} + \alpha_{10} \mathrm{RDS}_{i,t-1} + \sum \mathrm{Year} + \varepsilon$$
$$(2-2)$$

式中,i 表示个体企业,t 表示当年年度,$t-1$ 表示企业前一年度。模型中因变量 LnPatent 为公司当前年度的总专利创新产出。Equity 和 Debt 表示滞后一期的年度企业股权融资和企业债务融资,其他控制变量(Tana、Liqu、Lmc、Roa、Size、Staff、Prof、RDS)均为滞后一期变量,其定义和计算方法详见表 2-1。原因是创新产出往往需要较长的时间,因此前一年度的控制变量会对本年度的创新产出产生影响,同时控制变量全部滞后一期也可以减少模型的内生性。

(3)债务融资、股权融资对企业绩效的调节作用。

为了检验企业债务融资、股权融资对研发投入与企业绩效的调节关系,借鉴陈岩等、李汇东等的研究,在模型(2-2)的基础上,可以构建如下两个回归模型:

$$
\begin{aligned}
\text{LnPatent}_{i,t} = {} & \alpha_0 + \alpha_1 \text{Debt}_{i,t-1} + \alpha_2 \text{Equity}_{i,t-1} + \alpha_3 \text{RDS} * \text{Debt} + \\
& \alpha_4 \text{Tana}_{i,t-1} + \alpha_5 \text{Liqu}_{i,t-1} + \alpha_6 \text{Lmc}_{i,t-1} + \alpha_7 \text{Roa}_{i,t-1} + \alpha_8 \text{Size}_{i,t-1} + \\
& \alpha_9 \text{Staff}_{i,t-1} + \alpha_{10} \text{Prof}_{i,t-1} + \alpha_{11} \text{RDS}_{i,t-1} + \sum \text{Year} + \varepsilon
\end{aligned}
$$

$$(2-3)$$

$$
\begin{aligned}
\text{LnPatent}_{i,t} = {} & \alpha_0 + \alpha_1 \text{Debt}_{i,t-1} + \alpha_2 \text{Equity}_{i,t-1} + \\
& \alpha_3 \text{RDS} * \text{Equity} + \alpha_4 \text{Tana}_{i,t-1} + \alpha_5 \text{Liqu}_{i,t-1} + \\
& \alpha_6 \text{Lmc}_{i,t-1} + \alpha_7 \text{Roa}_{i,t-1} + \alpha_8 \text{Size}_{i,t-1} + \\
& \alpha_9 \text{Staff}_{i,t-1} + \alpha_{10} \text{Prof}_{i,t-1} + \alpha_{11} \text{RDS}_{i,t-1} + \sum \text{Year} + \varepsilon
\end{aligned}
$$

$$(2-4)$$

式中,i 表示个体企业,t 表示当年年度,$t-1$ 表示企业前一年度。模型中因变量 LnPatent 为公司当前年度的总专利产出。Equity 和 Debt 均表示滞后一期的年度企业股权融资和企业债务融资,为对比验证企业债务融资(Debt)和股权融资(Equity)对企业研发投入和企业经营绩效的调节作用,用债务融资、股权融资分别和研发投入进行交互(Debt * RDS,Equity * RDS)。其他控制变量(Tana、Liqu、Lmc、Roa、Size、Staff、Prof、RDS)均为滞后一期变量,其定义和计算方法详见表 2-1。

2.3　实　证　结　果

2.3.1　描述性统计

表 2-2 给出了主要变量的描述性统计结果。从表中可以看出债务融资的

均值为 0.070 8,股权融资的均值是 0.074 2,股权融资略高于企业债务融资。债务融资标准差为 0.185 2,而股权融资标准差为 0.172 2,表明股权融资相较于债务融资更为稳定。企业研发投入的均值为 0.028 1,标准差为 0.047 6,表明各企业之间研发投入也相差较小。但对于创新产出,均值为 0.699 4,标准差为 1.388 0,表明各创新产出的变化比研发投入的变化要大。

表 2 - 2　主要变量描述性统计

变量名称	均值	标准差	最小值	最大值
LnPatent	0.624 0	1.388 0	0.000 0	9.840 3
Debt	0.070 8	0.185 2	−5.224 8	0.965 2
Equity	0.074 2	0.172 2	−0.823 7	3.009 5
RDS	0.028 1	0.047 6	0.000 0	1.516 1
Tana	0.334 3	0.196 8	0.000 0	0.974 6
CF	0.043 0	0.086 7	−3.224 3	1.000 1
Lmc	12.301 6	0.904 9	0.000 0	15.806 1
Msh	0.128 6	0.205 8	0.000 0	0.897 2
Roa	0.042 9	0.068 2	−2.746 3	2.637 2
Liqu	0.466 1	0.215 3	−0.105 0	1.000 0
Size	21.940 2	1.333 5	13.076 0	28.508 7
Staff	7.542 3	1.370 8	0.000 0	13.222 8
Prof	0.052 9	0.074 7	−2.743 3	2.643 5

2.3.2　回归结果

(1)债务融资、股权融资和企业研发投入。

本文用模型(2-1)检验企业融资结构(债务融资、股权融资)和企业研发投入的关系,结果见表 2-3。表 2-3 结果第一列表明债务融资与企业研发投入的关系在 1% 的水平上显著为 −0.009,即债务融资每增加一个标准差,研发投入占营业比的比例就要降低 0.009。股权融资与企业创新研发投入的关系在 1% 的水平上显著为 0.005,即股权融资每增加一个标准差,研发投入占营业比的比率就要增加 0.005。结果表明债务融资负向影响企业研发投入,股权融资正向影响企业研发投入,并且股权融资更能够促进企业研发投入。因此假设 H1,

H1a,H1b 得证。

控制变量现金流(CF)、管理层平均薪酬(Lmc)、管理层持股比例(Msh)、资产流动性(Liqu)在 1% 的水平上与企业研发投入显著正相关,资产担保价值和专用程度(Tana)与资产回报率(Roa)在 1% 的水平上与企业研发投入显著负相关,与变量定义中的预设一致。

另外,本章将债务融资与股权融资分别进行回归,结果依然稳健,见表 2-3 回归结果第(2)列与第(3)列。

表 2-3　债务融资、股权融资和企业研发投入

变量名称	RDS(1)	RDS(2)	RDS(3)
Debt	−0.009＊＊＊ (−5.281)	−0.009＊＊＊ (−5.233)	
Equity	0.005＊＊＊ (2.158)		0.004＊ (1.891)
Tana	−0.032＊＊＊ (−11.647)	−0.032＊＊＊ (−11.676)	−0.032＊＊＊ (−11.542)
CF	0.011＊＊＊ (5.090)	0.010＊＊＊ (5.064)	0.005＊＊ (2.238)
Lmc	0.001＊＊＊ (4.705)	0.001＊＊＊ (4.462)	0.001＊＊＊ (3.933)
Msh	0.050＊＊＊ (29.911)	0.051＊＊＊ (31.595)	0.049＊＊＊ (29.554)
Roa	−0.017＊＊＊ (−5.782)	−0.015＊＊＊ (−5.579)	−0.006＊＊＊ (−3.110)
Liqu	0.021＊＊＊ (8.515)	0.022＊＊＊ (8.889)	0.021＊＊＊ (8.253)
Year	控制	控制	控制

注:＊,＊＊ 和 ＊＊＊ 分别表示在 10%、5% 和 1% 的水平上显著;括号内为 t 统计值。

(2)债务融资、股权融资和企业创新产出。

本文用模型(2-2)检验企业融资结构(债务融资、股权融资)和企业创新产出的关系,结果见表 2-4。表 2-4 第(2)列结果表明债务融资与企业创新产出

的关系在 1% 的水平上显著,系数为 0.161;股权融资与企业创新绩效的关系在 10% 的水平上显著,系数为 0.103。结果表明债务融资和股权融资均正向影响企业创新产出,但债务融资对于企业创新产出的作用更显著,假设 H2 得证。

同时本章运用模型(2-2)将债务融资与股权融资分别进行回归,结果依然稳健,得到的结果见表 2-4 第(2a)(2b)列。所有控制变量也均在 1% 的水平上显著。

表 2-4 债务融资、股权融资和企业创新产出

变量名称	LnPatent(2)	LnPatent(2a)	LnPatent(2b)
Debt	0.161 * * * (3.735)	0.170 * * * (3.893)	
Equity	0.103 * (1.813)		0.126 * * (2.225)
RDS	3.092 * * * (8.109)	3.108 * * * (8.137)	3.130 * * * (8.131)
Tana	0.342 * * * (5.462)	0.339 * * * (5.414)	0.337 * * * (5.384)
Lmc	0.059 * * * (5.004)	0.058 * * * (4.910)	0.061 * * * (5.144)
Liqu	0.746 * * * (12.011)	0.762 * * * (12.404)	0.759 * * * (12.232)
Roa	6.679 * * * (5.826)	6.769 * * * (5.905)	5.961 * * * (4.970)
Size	−0.035 * * * (−2.911)	−0.036 * * * (−3.009)	−0.031 * * * (−2.615)
Staff	0.160 * * * (17.268)	0.159 * * * (17.197)	0.160 * * * (17.319)
Prof	−6.170 * * * (−5.985)	−6.231 * * * (−6.045)	−5.633 * * * (−5.249)
Year	控制	控制	控制

注:*,* * 和 * * * 分别表示在 10%、5% 和 1% 的水平上显著;括号内为 t 统计值。

（3）债务融资、股权融资对于企业研发投入和创新产出的调节作用。

通过以上回归结果分析，进一步分析债务融资和股权融资对企业研发投入和企业创新产出的调节作用，分析哪一种融资方式更能够促进企业将创新投入转化为创新产出。表 2-5 第（1）列为模型（2-2）企业研发投入对于企业创新产出的回归，结果表明企业研发投入与企业创新产出的关系在 1% 的水平上显著为 3.092，表明企业研发投入正向影响企业创新产出。其他所有控制变量也均在 1% 的水平上显著，其中资产担保价值和专用程度（Tana）、管理层平均薪酬（Lmc）、资产流动性（Liqu）、资产回报率（Roa）、人力资本（Staff）与企业创新产出正相关，企业规模（Size）和盈利能力（Prof）与企业创新产出负相关，也与前文预设的一致。

表 2-5 第（2）列是模型（2-3）的回归结果，可以得到债务融资与企业研发投入的交成项（Debt * RDS）在 1% 的水平上显著，系数为 6.450，证实债务融资正向调节企业研发投入与企业创新产出的关系。当债务融资增加时，企业会更加严格审查企业创新研发活动以减少研发资金的滥用，企业由于面临着"破产"的压力，将资金集中于能够获得回报的创新项目中，因此债务融资对企业研发投入与企业创新产出具有正向调节作用。第（3）列中股权融资和企业研发投入的交成项（Equity * RDS）在 10% 的水平上显著为 -2.437，表明股权融资负向调节企业研发投入与企业创新产出的关系。原因是股权融资具有风险分散的功能，所以更青睐于高风险高收益的项目，但高风险的创新往往也容易面临失败，从而最终对企业研发投入与企业创新产出绩效结果产生负向影响。假设 H3a，H3b 得证。

表 2-5 债务融资、股权融资的调节作用

变量名称	LnPatent(1)	LnPatent(2)	LnPatent(3)
RDS	3.092 * * * (8.109)	2.887 * * * (8.118)	3.317 * * * (7.666)
Debt	0.161 * * * (3.735)	0.088 * * (2.121)	0.163 * * * (3.765)
Equity	0.103 * (1.813)	0.077 (1.333)	0.193 * * * (2.911)
Debt * RDS		6.450 * * * (2.979)	
Equity * RDS			-2.437 * (-1.863)

续　表

变量名称	LnPatent(1)	LnPatent(2)	LnPatent(3)
Tana	0.342＊＊＊ (5.462)	0.349＊＊＊ (5.592)	0.341＊＊＊ (5.447)
Lmc	0.059＊＊＊ (5.004)	0.059＊＊＊ (4.980)	0.060＊＊＊ (5.034)
Liqu	0.746＊＊＊ (12.011)	0.750＊＊＊ (12.155)	0.743＊＊＊ (11.950)
Roa	6.679＊＊＊ (5.826)	6.324＊＊＊ (5.568)	6.638＊＊＊ (5.756)
Size	−0.035＊＊＊ (−2.911)	−0.031＊＊＊ (−2.623)	−0.034＊＊＊ (−2.855)
Staff	0.160＊＊＊ (17.268)	0.158＊＊＊ (17.197)	0.159＊＊＊ (17.195)
Prof	−6.170＊＊＊ (−5.985)	−5.902＊＊＊ (−5.776)	−6.138＊＊＊ (−5.923)
Year	控制	控制	控制

注：＊、＊＊和＊＊＊分别表示在10％、5％和1％的水平上显著；括号内为 t 统计值。

2.4　稳健性检验

除了以上分析,本章还做了稳健性检验:

(1)借鉴黎文婧等的做法,将专利产出分为发明专利产出与非发明专利产出,运用模型(2-2)、模型(2-3)、模型(2-4)进行回归,得到的回归结果依然与本章保持一致。

(2)借鉴陈岩等的做法,将债务融资进行区分,分为流动负债和长期负债,流动负债定义为“(t 期流动负债−t−1 期流动负债)/t 期总资产”,长期负债定义为“(t 期长期负债−t−1 期长期负债)/t 期总资产”,得到的回归结果是流动负债和长期负债对企业研发投入皆是负向影响,但流动负债对企业创新产出有正向影响,长期负债对企业创新产出的影响不明显,结论与陈岩等的研究保持一致。

(3)进一步地,根据所有权性质进行区分,得到的回归结果是,国有企业长期负债和研发投入负相关,对创新产出无影响,非国有企业的流动负债和长期负债皆与企业研发投入负相关,但流动负债和企业创新产出正相关,长期负债对企业创新产出无明显影响,得到的回归结果与陈岩等的结论也基本一致。

鉴于篇幅限制,这些结果不予赘述。

2.5 结论与建议

随着我国资本市场的不断完善,市场化的融资方式逐渐增多,上市公司在创新过程中如何选择合适的融资方式是一个重要的现实问题。本章通过收集我国A股上市公司 2008—2018 年的债务融资、股权融资、研发投入、专利申请数等数据,对比分析了债务融资、股权融资对企业研发投入、企业创新产出的作用,并在此基础上进一步检验债务融资与股权融资对企业研发投入和企业创新产出的调节作用。结果表明,债务融资抑制企业研发投入,股权融资则促进企业研发投入;债务融资、股权融资皆可以促进企业创新产出,但债务融资的促进作用更显著;债务融资在企业研发投入与企业创新产出的关系中起到正向调节作用,而股权融资在企业研发投入与企业创新产出的关系中起到负向调节作用。

基于以上结果,我们提出以下建议。

(1)债务融资更能促进企业创新产出,但由于资金压力,高的债务融资也会削弱企业研发投入。在我国债股市场发展还不完善的情况下需要政府加强引导,对市场中的企业进行严格的审查,对于创新能力强的企业给予一定的减息优惠等支持。

(2)债务融资与股权融资都能够促进企业创新产出,因此要进一步发展我国资本市场,促进企业债务融资、股权融资,减少资金错配,缓解企业融资约束,促进企业创新。

(3)相较于债务融资,股权融资对企业创新产出的作用较弱,原因是创新资金来源于外部市场投资者,极大分散了企业创新的风险,在一定程度上可能造成创新资金的浪费,因此要完善我国股票市场,加强进入监督机制,使资金流向更多有需要的企业。

3 融资契约对企业产学研合作创新投入及合作绩效的影响模型

考虑到合作创新的类型众多,本章以受到各界重点关注的产学研合作为研究对象。

3.1 基础模型介绍及其拓展思路

本章的模型框架是基于 Brocas(2004)关于政府投资合作研发项目的模型,结合产学研合作情境予以拓展和修正,并在模型构建过程中借鉴了 Socorro(2007)关于控制权的分析,以及 Gebhardt 等关于风险资本投资契约研究的部分建模思想。下述先对这几个模型进行简要介绍。

3.1.1 Brocas(2004)模型

Brocas(2004)构建了一个政府投资合作研发项目的模型,分析了政府如何通过一些选择支付来鼓励私有信息的披露和社会最优努力的选择。在信息不对称的市场中,由于合作研发存在双边道德风险,所以社会最优的投入和技术转移得不到保证。为了缓解这种无效,政府就通过补贴政策来鼓励和促进合作研发。基于以上背景,Brocas 设定一个正直的政府选择合适的契约条款设计来实现有效的技术分享和社会最优的努力。他根据合作者报告的类型和观察到的研发产出来设定转移支付 t^S 或 t^F,其中,t^S 是成功时的转移支付,t^F 是失败时的转移支付。

模型根据个体理性约束、激励相容约束以及道德风险约束条件解出最优的契约机制。结果发现,因为技术的披露是有成本的,政府对于最优的研发投入的理解是有偏差的:当合作双方的投入是互补时,最优的双方投入相对于社会最优水平偏低;当投入是战略替代时,拥有更有价值技术的创新者的投入偏低,另一方则偏高。该模型为通过政府补贴解决信息不对称下合作研发低效问题提供了思路。

3.1.2　Socorro(2007)模型

Socorro(2007)考虑了两个风险中性的研发能力互补的企业进行合作的项目。作者设定该项目分为两个部分,考虑到合作双方的相对优势,一方负责项目的一个部分,即两个部分相对独立。每个部分成功的概率为 $p_i=e_i$,与合作者成功的概率无关,最终项目成功概率为 $p_i=e_ie_j$。即使最终项目没有成功,部分成功的企业将获得私人收益 w。经济状况决定了项目的价值 $V\in\{V,V\}$;合作协议指定了收益的分配方案 α,双方同时选择一个不可观测的有成本的投入。作者认为,一旦项目被分成两个独立的部分,并且分配规则确定,合作双方就会以最大化自己的收益为目标。然后,分析了最优的研发努力以及非合作的纳什均衡努力,但是发现,无论如何分配控制权,也达不到最优的均衡状态。由于假定合作双方是对称的,根据最大化非合作努力之和,求得最优的控制权配置方案为 $\alpha=\frac{1}{2}$。

3.1.3　Schmidt(2003)模型

Schmidt(2003)从现金流的视角出发,通过模型分析了可转债如何激励企业家(E)和风险资本家(VC)有效投入,Schmidt(2003)模型时序图如图 3-1 所示。

当 $t=0$ 时,E 和 VC 签订合作契约,确定收益分配规则。此时,经济状况是未知的,但假定在初始投资 I 变为沉没成本后,经济状况是可观测的,但不可证实。

当 $t=1$ 时,E 进行一个不可缔约的投入 a。

当 $t=2$ 时,VC 进行一个不可缔约的投入 b。

当 $t=3$ 时,项目收益实现,VC 决定是否执行转股期权。Schmidt 假定转股后,VC 拥有 100% 的股权,支付 F 给企业家。

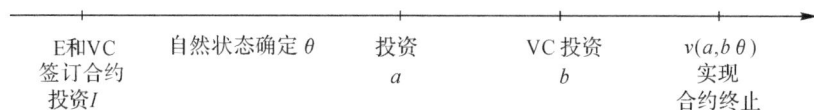

图 3-1　Schmidt(2003)模型时序图

Schmidt(2003)将现金流的配置作为经济状况和企业家努力的函数,这一属性可以有效激励企业家和风险资本家在项目中的投入。

3.1.4　Gebhardt & Schmidt(2006)模型

Gebhardt & Schmidt(2006)模型考虑一个企业家拥有一个具有盈利前景的项目,但必须向风险投资者融资。双方均是风险中性的,在初始时刻签定契约,风险投资者给企业家借贷。然后,对比分析了债务、股权和可转债3种融资契约对企业家的激励作用。

3.1.5　主要启示及拓展思路

上述模型带来以下重要启示。

(1)Brocas(2004)的研究属于为数不多地将融资和合作研发结合在一起的模型,这为本章模型框架的构建提供了重要的参考价值。该研究其实属于委托代理问题:政府委托两方合作创新,合作双方仅得到政府的固定支付,而创新成果属于消费者剩余。政府为了社会财富最大化,通过终止项目等措施来鼓励合作双方进行信息共享并努力投入。其结论能为政府主导的合作创新提供良好的理论基础,但对于以企业为主体的产学研合作研发来说,这显然是不合理的。在我国致力于构建以企业为主体的创新体系背景下,创新是以企业需求为导向的,创新成果应该属于创新主体。同时,融资也应通过市场化的金融工具进行,如债务、股权和可转债。另外,Brocas(2004)同时分析了合作双方替代和互补的情况,并给出了替代和互补情况下成功概率的表达式,这为本章的研究提供了借鉴。

(2)Socorro(2007)分析了研发能力互补的企业合作研发中控制权的配置,对于分析同样研发投入互补的产学研合作研发控制权配置具有重要的参考价值。其模型将研发分为两个独立的部分,合作双方各负责一个部分,各部分成功概率相互独立,并没有体现出真正意义的互补。本章将Brocas(2004)关于互补的分析结合到控制权配置研究中。

(3)Schmidt(2003)基于现金流视角分析可转债契约对风险资本融资的激励效应,为本章从现金流视角分析债务、股票和可转债融资契约对产学研合作研发的影响,提供了理论上的参考;同时,在模型时序构建中,Schmidt将现金流的配置作为经济状况和企业家努力的函数的设置也为本章提供了参考。

(4)Gebhardt等对比分析了债务、股权和可转债3种融资契约对企业家的激励作用,为本章对比分析政府补贴、债务、股权和可转债四种融资契约对产学研合作的激励作用,提供了分析思路上的借鉴。另外,本章借鉴了 Gebhardt 关于可转债讨论中对股权的设定。

3.2 基本模型构建

借鉴 Rosenkranz(2003),Brocas(2004)以及一般模型的设定,考虑一个风险中性的研究机构 R,一个风险中性的企业 F,一个风险中性的投资者 I。

企业 F 需要进行一个研发项目,但缺乏资金和人力技术,所以会通过债务、股权或可转债的形式融资,然后寻求与研究机构进行合作研发。投资者 I 拥有资金,会选择通过债、股或可转债进行投资研发项目,其时序如图 3 - 2 所示。

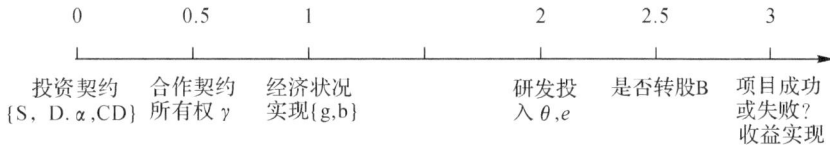

图 3 - 2 模型时序图

$t=0$,投资者与企业签订投资契约,契约类型包括补贴、债务、股票和可转债。若为债务时,需还本付息:如果项目成功,则偿还 D_1;如果项目失败,则因清算价值低于实际价值,从而导致偿还金额为 D_h。$D_h > D_1$。

$t=0.5$ 时,企业与研究机构签订合作契约,契约确定了控制权安排 γ。在此之前,经济状况对于双方都是未知的。当投资变成沉没成本后,经济状况对于合作任何一方都是可观测的,但是不可证实,所以在 $t=0$ 时不能写入契约。

$t=1$,经济状况实现。假定好状态的概率为 q,坏状态的概率为 $1-q$。本章对经济状况的定义是企业所面临的投融资环境及整体经济形势:如果整体经济紧缩或衰退,即认为是坏的经济状况,否则即是好的经济状况。

$t=2$,双方进行研发投入。研究机构 R 和企业 F 分别进行不可缔约的努力 θ 和 e,成本分别为 $\frac{c}{2}\theta^2$ 和 $\frac{C}{2}e^2$,此设定满足一般关于成本的设置——随投入递增,且为凸函数。其中,c 和 C 反映了现有技术的外生性。

$t=2.5$,如果融资契约是可转债契约,则投资者选择是否转股。如果是别的融资契约,则跳过此阶段。

$t=3$,收益实现。如果是在好的经济状况下,成功后的收益为 V_G;如果是在坏的经济状况下,成功后的收益为 V_B。$V_G>V_B$。如果失败,则收益为 0。

根据企业与研究机构资源的互补性,我们作出以下假设。

假设 1:项目成功的概率为 $p(\theta,e)=\dfrac{\theta+e+\theta*e}{3}$。

显然,$p_{\theta e}(\theta,e)>0$,即该假设满足产学研合作双方的投入是互补的特性。

由于在政府补贴、债务融资契约和股权融资契约下,投资者都是外生的,不参与决策。而在可转债融资契约下,投资者会根据经济状况进行转股选择,对现金流有一个再分配权。所以,在政府补贴、债务融资契约和股权融资契约下,我们统一用 $V=qV_G+(1-q)V_B$,不细分 V_G 和 V_B。

假设 2:$V_G>D_h-D_l$,$V_B<D_h-D_l$;$V_G>\dfrac{3}{2}C$,$V_B<\dfrac{3}{2}C$。

这一假设保证了在经济状况好的情况下,进行项目的有效性;并且在经济状况好的情况下的回报严格大于经济状况差的情况下的回报。

3.2.1 政府补贴

在融资契约为政府补贴(S)的情况下,企业不需要还本付息。此时,企业(F)和研究机构(R)的期望收益分别为

$$U^F(\theta,e,\gamma)=\gamma pV-\frac{C}{2}\theta^2 \qquad (3-1)$$

$$U^R(\theta,e,\gamma)=(1-\gamma)pV-\frac{c}{2}e^2 \qquad (3-2)$$

为了使得双方都愿意接受此合作合约,必须满足参与约束,即 $U^F\geq0$ 且 $U^R\geq0$,所以有 $\gamma\geq\dfrac{\frac{C}{2}\theta^2}{pV}$,且 $\gamma\leq\dfrac{pV-\frac{c}{2}e^2}{pV}$。要使得 γ 存在,必须有 $\dfrac{\frac{C}{2}\theta^2}{pV}\leq\dfrac{pV-\frac{c}{2}e^2}{pV}$,即 $pV\geq\dfrac{C}{2}\theta^2+\dfrac{c}{2}e^2$。假设 2 满足此条件。

由于信息不对称,双方会通过最大化各自的期望收益来确定投入。

企业 F 的最优投入满足:

$$\frac{dU^F}{d\theta}=\frac{1+e}{3}\gamma V-C\theta=0 \qquad (3-3)$$

可得

$$\theta = \frac{1+e}{3C}\gamma V \tag{3-4}$$

研究机构 R 的最优投入满足：

$$\frac{\mathrm{d}U^{\mathrm{R}}}{\mathrm{d}e} = \frac{1+\theta}{3}(1-\gamma)V - ce = 0 \tag{3-5}$$

可得

$$e = \frac{1+\theta}{3c}(1-\gamma)V \tag{3-6}$$

式(3-4)和式(3-6)联立求解可得

$$\theta_1 = \frac{[3c+(1-\gamma)V]\gamma V}{9Cc - \gamma(1-\gamma)V^2} \tag{3-7}$$

$$e_1 = \frac{(3C+\gamma V)(1-\gamma)V}{9Cc - \gamma(1-\gamma)V^2} \tag{3-8}$$

为了分析企业和研究机构各自最优的投入与 γ 的关系，需对式(3-7)和(3-8)分别对 γ 求导，可得

$$\frac{\mathrm{d}\theta_1}{\mathrm{d}\gamma} = \frac{3C(1-\gamma)^2V^2 + 9Cc(1-\gamma)V - 3c\gamma^2V^2 - 9Cc\gamma V}{[9Cc - \gamma(1-\gamma)V^2]^2} \tag{3-9}$$

$$\frac{\mathrm{d}e_1}{\mathrm{d}\gamma} = \frac{3c\gamma^2V^2 + 9Cc\gamma V - 3C(1-\gamma)^2V^2 - 9Cc(1-\gamma)V}{[9Cc - \gamma(1-\gamma)V^2]^2} \tag{3-10}$$

当 $\gamma < \dfrac{\sqrt{C}}{\sqrt{C}+\sqrt{c}} - \dfrac{3\sqrt{Cc}\,(\sqrt{C}-\sqrt{c})}{(\sqrt{C}+\sqrt{c})V}$ 时，$\dfrac{\mathrm{d}\theta_1}{\mathrm{d}\gamma} > 0$，$\dfrac{\mathrm{d}e_1}{\mathrm{d}\gamma} < 0$；当 $\gamma > \dfrac{\sqrt{C}}{\sqrt{C}+\sqrt{c}} -$

$\dfrac{3\sqrt{Cc}\,(\sqrt{C}-\sqrt{c})}{(\sqrt{C}+\sqrt{c})V}$ 时，$\dfrac{\mathrm{d}\theta_1}{\mathrm{d}\gamma} < 0$，$\dfrac{\mathrm{d}e_1}{\mathrm{d}\gamma} > 0$。有下述命题1。

命题1：企业和研究机构的最优投入与控制权的分配呈非线性关系：当 $0 <$

$\gamma < \dfrac{\sqrt{C}}{\sqrt{C}+\sqrt{c}} - \dfrac{3\sqrt{Cc}\,(\sqrt{C}-\sqrt{c})}{(\sqrt{C}+\sqrt{c})V}$ 时，企业的投入与控制权分配系数正相关，研究

机构的投入与控制权分配系数负相关；当 $1 \geqslant \gamma > \dfrac{\sqrt{C}}{\sqrt{C}+\sqrt{c}} - \dfrac{3\sqrt{Cc}\,(\sqrt{C}-\sqrt{c})}{(\sqrt{C}+\sqrt{c})V}$

时，企业的投入与控制权分配系数负相关，研究机构的投入与控制权分配系数正相关。

该命题表明，控制权配置系数存在一个最优值。

本章的研究问题关注如何促进产学研合作研发效率，所以最优的情况应是双方最大化其联合期望收益。接下来，我们分析是否存在一个控制权配置方案 $\gamma \in [0,1]$，使得信息不对称导致的非合作情况下的均衡投入与合作情况下的均

衡投入相等。

在合作的情况下,双方会最大化其联合期望收益。联合期望收益为

$$W = pV - \frac{C}{2}\theta^2 - \frac{c}{2}e^2 \qquad (3-11)$$

由 $\frac{\partial W}{\partial \theta} = \frac{1+e}{3}V - C\theta = 0$,可得

$$\theta = \frac{1+e}{3C}V \qquad (3-12)$$

由 $\frac{\partial W}{\partial e} = \frac{1+\theta}{3}V - ce = 0$,可得

$$e = \frac{1+\theta}{3c}V \qquad (3-13)$$

由式(3-12)和(3-13)联立,求解可得

$$\tilde{\theta_1} = \frac{(3c+V)V}{9Cc - V^2} \qquad (3-14)$$

$$\tilde{e_1} = \frac{(3C+V)V}{9Cc - V^2} \qquad (3-15)$$

综合式(3-7)、式(3-8)和式(3-14)、式(3-15),显然,非合作情况下的纳什均衡努力 $\tilde{\theta_1}$ 和 $\tilde{e_1}$ 与控制权配置相关,而合作情况下的最优均衡努力 $\tilde{\theta_1}$ 和 $\tilde{e_1}$ 与控制权配置无关。所以,问题的核心就变为是否存在一个控制权安排 $\bar{\gamma}$,使得两种情况下的均衡努力相等。

通过令 $\theta_1 = \tilde{\theta_1}$ 以及 $e_1 = \tilde{e_1}$,很容易证得不存在这样一个控制权安排 $\gamma \in [0, 1]$ 使得纳什均衡努力与最优均衡努力一致。此结果与 Holmstrom(1982)得出的著名的团队理论相吻合,我们将此作为一个引理进行正式表述。

引理1:不存在一个控制权安排 $\bar{\gamma} \in [0,1]$ 使得非合作纳什均衡努力与最优均衡努力相一致。

最优的控制权配置方案应最大化非合作的纳什均衡努力之和,即

$$\theta_1 + e_1 = \frac{[3c + (1-\gamma)V]\gamma V + (3C + \gamma V)(1-\gamma)V}{9Cc - \gamma(1-\gamma)V^2}$$

$$= \frac{3c\gamma V + 3C(1-\gamma)V + 2(1-\gamma)\gamma V^2}{9Cc - \gamma(1-\gamma)V^2} \qquad (3-16)$$

为了求得 γ 的最优解,需对式(3-16)求关于 γ 的一阶导,并令其等于 0,即

$$\frac{d(\theta_1 + e_1)}{d\gamma} = \frac{3C[(1-\gamma)V + 3c]^2 - 3c[\gamma V + 3C]^2}{[9Cc - \gamma(1-\gamma)V^2]^2}V = 0 \qquad (3-17)$$

可得

$$C\left[(1-\gamma)V+3c\right]^2 = c\left[\gamma V+3C\right]^2 \qquad (3-18)$$

将(3-18)两边求平方根,推导可得

$$\gamma_1^* = \frac{\sqrt{C}}{\sqrt{C}+\sqrt{c}} - \frac{3\sqrt{Cc}\left(\sqrt{C}-\sqrt{c}\right)}{\left(\sqrt{C}+\sqrt{c}\right)V} \qquad (3-19)$$

式(3-19)第一部分的经济学含义是控制权按照相对机会成本进行配置,第二部分的含义我们需要进一步分析。

如果 $C=c$,即企业和研究机构投入的资源价值相当时,$\gamma_1^* = \dfrac{1}{2}$,第二部分不复存在。所以,第二部分 $-\dfrac{3\sqrt{Cc}\left(\sqrt{C}-\sqrt{c}\right)}{\left(\sqrt{C}+\sqrt{c}\right)V}$ 可以看做是资源价值差异对控制权的影响。

命题 2:在政府补贴融资契约下,最优的控制权安排是 $\gamma_1^* = \dfrac{\sqrt{C}}{\sqrt{C}+\sqrt{c}} - \dfrac{3\sqrt{Cc}\left(\sqrt{C}-\sqrt{c}\right)}{\left(\sqrt{C}+\sqrt{c}\right)V}$。如果 $C=c$,则 $\gamma_1^* = \dfrac{1}{2}$,即企业 F 和研究结构各自拥有 $\dfrac{1}{2}$ 的控制权。

为了简单起见,我们进一步对 $C=c$ 的情况进行详细讨论,此时 $\gamma_1^* = \dfrac{1}{2}$。将 $\gamma_1^* = \dfrac{1}{2}$ 代入式(3-7)和式(3-8),可得

$$\theta_1 = \frac{\left[3c+(1-\gamma)V\right]\gamma V}{9Cc-\gamma(1-\gamma)V^2} = \frac{\dfrac{1}{2}V}{3C-\dfrac{1}{2}V} \qquad (3-20)$$

$$e_1 = \frac{(3C+\gamma V)(1-\gamma)V}{9Cc-\gamma(1-\gamma)V^2} = \frac{\dfrac{1}{2}V}{3C-\dfrac{1}{2}V} \qquad (3-21)$$

由 $\theta, e \in [0,1]$,须满足 $3C > \dfrac{1}{2}V$ 且 $\dfrac{1}{2}V \leqslant 3C-\dfrac{1}{2}V$,整理即可得 $V \leqslant 3C$。我们作出以下假设。

假设 3:$V \leqslant 3C$。

此时,$\theta_1 + e_1 = V/(3C-\dfrac{1}{2}V)$,则有

$$p_1 = \frac{V/(3C - \frac{1}{2}V) + 1/4V^2/(3C - \frac{1}{2}V)^2}{3} = \frac{3CV - \frac{1}{4}V^2}{3(3C - \frac{1}{2}V)^2} \quad (3-22)$$

净社会财富为

$$W_1 = p_1 V - \frac{C}{2}\theta_1^2 - \frac{c}{2}e_1^2 = \frac{(3CV - \frac{1}{4}V^2)V - \frac{3}{4}CV^2}{3(3C - \frac{1}{2}V)^2} \quad (3-23)$$

3.2.2　债券融资契约及其与政府补贴的对比

（1）债券融资契约。

在债券融资契约下，企业需要还本付息，为了简单起见，我们假定利率为 0，即在 $t=3$ 时，企业支付 $D \in \{D_h, D_l\}$ 给投资者。企业和研究机构的期望收益如下：

$$U^F(\theta, e, \gamma) = \gamma p V - \frac{C}{2}\theta^2 - pD_l - (1-p)D_h \quad (3-24)$$

$$U^R(\theta, e, \gamma) = (1-\gamma)pV - \frac{c}{2}e^2 \quad (3-25)$$

为了使得双方都愿意接受此合作合约，必须满足参与约束，即 $U^F \geqslant 0$ 且 $U^R \geqslant 0$，推导可得 $\gamma \geqslant \dfrac{\frac{C}{2}\theta^2 - pD_l - (1-p)D_h}{pV}$，且 $\gamma \leqslant \dfrac{pV - \frac{c}{2}e^2}{pV}$。要使得 γ 存在，必须有 $\dfrac{\frac{C}{2}\theta^2 - pD_l - (1-p)D_h}{pV} \leqslant \dfrac{pV - \frac{c}{2}e^2}{pV}$，即 $pV \geqslant \frac{C}{2}\theta^2 + \frac{c}{2}e^2 + pD_l + (1-p)D_h$。据此，我们做出以下假设4。

假设4：对 $\forall \theta$ 和 $e, V \geqslant \frac{C}{2} + \frac{c}{2} + D_l$，此表达式的经济内涵是：只要项目成功，总收益大于总成本。

在不合作的情况下，双方都会通过最大化各自的期望收益来确定投入。

企业F的最优投入满足：

$$\frac{dU^F}{d\theta} = \frac{1+e}{3}(\gamma V + D_h - D_l) - C\theta = 0 \quad (3-26)$$

可得

$$\theta = \frac{1+e}{3C}(\gamma V + D_h - D_l) \tag{3-27}$$

研究机构 R 的最优投入满足:

$$\frac{dU^R}{de} = \frac{1+\theta}{3}(1-\gamma)V - ce = 0 \tag{3-28}$$

可得

$$e = \frac{1+\theta}{3c}(1-\gamma)V \tag{3-29}$$

由式(3-27)和式(3-29)联立求解,可得

$$\theta_2 = \frac{[3c+(1-\gamma)V](\gamma V + D_h - D_l)}{9Cc - \gamma(1-\gamma)V^2 - (1-\gamma)V(D_h - D_l)} \tag{3-30}$$

$$e_2 = \frac{(3C + \gamma V + D_h - D_l)(1-\gamma)V}{9Cc - \gamma(1-\gamma)V^2 - (1-\gamma)V(D_h - D_l)} \tag{3-31}$$

类似地,我们接下来分析是否存在一个控制权配置方案 $\gamma \in [0,1]$,使得非合作情况下的均衡投入与合作情况下的均衡投入相同。

在合作的情况下,双方会最大化其联合期望收益。

联合期望收益为

$$W = pV - \frac{C}{2}\theta^2 - \frac{c}{2}e^2 + pD_l + (1-p)D_h \tag{3-32}$$

由 $\frac{\partial W}{\partial \theta} = \frac{1+e}{3}V - C\theta - \frac{1+e}{3}(D_h - D_l) = 0$,可得

$$\theta = \frac{1+e}{3C}(V - D_h + D_l) \tag{3-33}$$

由 $\frac{\partial W}{\partial e} = \frac{1+\theta}{3}V - ce - \frac{1+\theta}{3}(D_h - D_l) = 0$,可得

$$e = \frac{1+\theta}{3c}(V - D_h + D_l) \tag{3-34}$$

由式(3-33)和式(3-34)联立,求解得:

$$\tilde{\theta}_2 = \frac{(3c + V - D_h + D_l)(V - D_h + D_l)}{9Cc - (V - D_h + D_l)^2} \tag{3-35}$$

$$\tilde{e}_2 = \frac{(3C + V - D_h + D_l)(V - D_h + D_l)}{9Cc - (V - D_h + D_l)^2} \tag{3-36}$$

可见,非合作情况下的纳什均衡努力与控制权配置相关,而合作情况下的最优均衡努力与控制权配置无关。同样可以证得不存在这样一个控制权安排 $\gamma \in [0,1]$使得纳什均衡努力与最优均衡努力一致。

因此,最优的控制权配置方案应最大化非合作的纳什均衡努力之和,即

$$\theta_2 + e_2 = \frac{[3c + (1-\gamma)V](\gamma V + D_h - D_l) + (3C + \gamma V + D_h - D_l)(1-\gamma)V}{9Cc - \gamma(1-\gamma)V^2 - (1-\gamma)V(D_h - D_l)}$$

$$= \frac{3c(\gamma V + D_h - D_l) + 3C(1-\gamma)V + 2(1-\gamma)V(\gamma V + D_h - D_l)}{9Cc - \gamma(1-\gamma)V^2 - (1-\gamma)V(D_h - D_l)}$$

$$(3-37)$$

为了求得 γ 的最优解,需对(3-36)式求关于 γ 的一阶导,并令其等于 0,即:

$$\frac{d(\theta_2 + e_2)}{d\gamma} = \frac{3C[(1-\gamma)V + 3c]^2 - 3c[\gamma V + D_h - D_l + 3C]^2}{[9Cc - \gamma(1-\gamma)V^2 - (1-\gamma)V(D_h - D_l)]^2}V = 0$$

$$(3-38)$$

简化可得 $C[(1-\gamma)V + 3c]^2 = c[\gamma V + D_h - D_l + 3C]^2$

将该等式两边求平方根,推导可得

$$\gamma_2{}^* = \frac{\sqrt{C}}{\sqrt{C} + \sqrt{c}} + \frac{\sqrt{c}(D_h - D_l)}{(\sqrt{C} + \sqrt{c})V} - \frac{3\sqrt{Cc}(\sqrt{C} - \sqrt{c})}{(\sqrt{C} + \sqrt{c})V} \quad (3-39)$$

类似地,表达式第一部分是按照相对机会成本进行的配置,第二部分可以理解为企业偿还债务对控制权的影响,第三部分是资源价值差异对控制权的影响。同样,如果 $C = c$,即企业和研究机构投入的资源价值相当时,$\gamma_2{}^* = \frac{1}{2} + \frac{D_h - D_l}{2V}$。

命题 3:在债务融资契约下,最优的控制权安排是 $\gamma_2{}^* = \frac{\sqrt{C}}{\sqrt{C} + \sqrt{c}} + \frac{\sqrt{c}(D_h - D_l)}{(\sqrt{C} + \sqrt{c})V} - \frac{3\sqrt{Cc}(\sqrt{C} - \sqrt{c})}{(\sqrt{C} + \sqrt{c})V}$,即企业 F 拥有 $\gamma_2{}^*$ 部分,研究机构拥有 $1 - \gamma_2{}^*$ 部分。当 $C = c$ 时,$\gamma_2{}^* = \frac{1}{2} + \frac{D_h - D_l}{2V}$。

为了简单起见,进一步分析只考虑 $C = c$ 的情况。

将 $\gamma_2{}^* = \frac{1}{2} + \frac{D_h - D_l}{2V}$ 代入(3-29)和(3-30),可得

$$\theta_2 = \frac{[3c + (1-\gamma)V](\gamma V + D_h - D_l)}{9Cc - \gamma(1-\gamma)V^2 - (1-\gamma)V(D_h - D_l)} = \frac{V + D_h - D_l}{6C - V - D_h + D_l}$$

$$(3-40)$$

$$e_2 = \frac{(3C + \gamma V + D_h - D_l)(1-\gamma)V}{9Cc - \gamma(1-\gamma)V^2 - (1-\gamma)V(D_h - D_l)} = \frac{V + D_h - D_l}{6C - V - D_h + D_l} \quad (3-41)$$

由 $\theta,e\in[0,1]$，须满足 $6C>V+D_h-D_l$ 且 $V+D_h-D_l\leqslant6C-V-D_h+D_l$，整理即可得出假设 5。

假设 5：$V\leqslant3C-D_h+D_l$

此时，$\theta_2(\gamma_2{}^*)+e_2(\gamma_2{}^*)=\dfrac{V+D_h-D_l}{3C-\frac{1}{2}(V+D_h-D_l)}$，则

$$p_2=\dfrac{\dfrac{V+D_h-D_l}{3C-\frac{1}{2}(V+D_h-D_l)}+\dfrac{\frac{1}{4}(V+D_h-D_l)^2}{[3C-\frac{1}{2}(V+D_h-D_l)]^2}}{3}$$

$$=\dfrac{3C(V+D_h-D_l)-\frac{1}{4}(V+D_h-D_l)^2}{3[3C-\frac{1}{2}(V+D_h-D_l)]^2} \tag{3-42}$$

$$W_2=pV-\dfrac{C}{2}\theta^2-\dfrac{c}{2}e^2=$$

$$\dfrac{[3CV-\frac{1}{4}V(V+D_h-D_l)](V+D_h-D_l)-\frac{3}{4}C(V+D_h-D_l)^2}{3[3C-\frac{1}{2}(V+D_h-D_l)]^2} \tag{3-43}$$

（2）债务融资契约与政府补贴融资契约的对比。

根据前面的分析，我们从最优的控制权配置、最优的产学研合作投入以及社会财富三方面来对比分析债务融资契约与政府补贴融资契约的不同。

$$\gamma_1{}^*=\dfrac{\sqrt{C}}{\sqrt{C}+\sqrt{c}}-\dfrac{3\sqrt{Cc}(\sqrt{C}-\sqrt{c})}{(\sqrt{C}+\sqrt{c})V},$$

$$\gamma_2{}^*=\dfrac{\sqrt{C}}{\sqrt{C}+\sqrt{c}}+\dfrac{\sqrt{c}(D_h-D_l)}{(\sqrt{C}+\sqrt{c})V}-\dfrac{3\sqrt{Cc}(\sqrt{C}-\sqrt{c})}{(\sqrt{C}+\sqrt{c})V}$$

显然，$\gamma_1{}^*<\gamma_2{}^*$，即在补贴契约下分配给企业的控制权小于在债务融资契约下的情况，即在债务融资契约下控制权的配置向企业偏移。

由

$$\theta_2+e_2-(\theta_1+e_1)=\dfrac{V+D_h-D_l}{3C-\frac{1}{2}(V+D_h-D_l)}-\dfrac{V}{3C-\frac{1}{2}V}$$

$$=\dfrac{3C(D_h-D_l)}{[3C-\frac{1}{2}(V+D_h-D_l)](3C-\frac{1}{2}V)}>0$$

可知,在债务融资契约下,产学研双方的最优均衡努力比较高。

再来对比社会财富。为方便起见,对社会财富的对比,我们考虑社会财富与双方投入的关系。

社会财富的表达式为 $W=pV-\dfrac{C}{2}\theta^2-\dfrac{c}{2}e^2$,那么 $\dfrac{\partial W}{\partial \theta}=\dfrac{1+e}{3}V-C\theta$

由于在政府补贴融资契约和债务融资契约下,$\theta=e$,则有

$$\frac{\partial W}{\partial \theta}=\frac{\partial W}{\partial e}, 即 \frac{1+e}{3}V-C\theta=\frac{1+\theta}{3}V-Ce$$

如果 $\dfrac{\partial W}{\partial \theta}=\dfrac{1+\theta}{3}V-C\theta>0$,则 θ 越大,W 越大;如果 $\dfrac{\partial W}{\partial \theta}=\dfrac{1+\theta}{3}V-C\theta<0$,则 θ 越大,W 越小。

由 $\dfrac{\partial W}{\partial \theta}=\dfrac{1+\theta}{3}V-C\theta>0$,可得 $\theta<\dfrac{V}{3C-V}$;由 $\dfrac{\partial W}{\partial \theta}=\dfrac{1+\theta}{3}V-C\theta<0$,可得 $\theta>\dfrac{V}{3C-V}$。因此,当 $\theta<\dfrac{V}{3C-V}$ 时,θ 越大,W 越大;当 $\theta>\dfrac{V}{3C-V}$ 时,θ 越大,W 越小。

由 $\theta\in[0,1]$,如果 $V>3C-V$,即 $V>3/2C$,则显然 $\theta<\dfrac{V}{3C-V}$,W 与 θ 正相关。$\theta=0$ 时,$W=0$;$\theta=1$ 时,$W=V-C$。所以,W 与 θ 的关系如图 3-3(a) 所示。

如果 $V<3C-V$,即 $V<3/2C$,则 W 与 θ 呈倒 U 型关系。$\theta=0$ 时,$W=0$;$\theta=1$ 时,$W=V-C$;$\theta=\dfrac{V}{3C-V}$ 时,$W_{\max}=\dfrac{V}{3(3C-V)}$。所以,$W$ 与 θ 的关系如图 3-3(b)所示。

如果 $V>3/2C$,由 $\theta_2>\theta_1$,可知 $W_2>W_1$。

在 $V<3/2C$ 的情况下,如果 $\dfrac{V}{3C-V}>\theta_2>\theta_1=\dfrac{V}{6C-V}$,则 $W_2>W_1$;如果 $\theta_2>\dfrac{V}{3C-V}>\theta_1=\dfrac{V}{6C-V}$,则需要进一步讨论。

根据假设 2,当状态为好时,满足 $\dfrac{V}{3C-V}>\theta_2>\theta_1$,则 $W_2>W_1$;状态为坏时,满足 $\theta_2>\dfrac{V}{3C-V}>\theta_1$,$W_2$ 与 W_1 的关系还需进一步讨论。

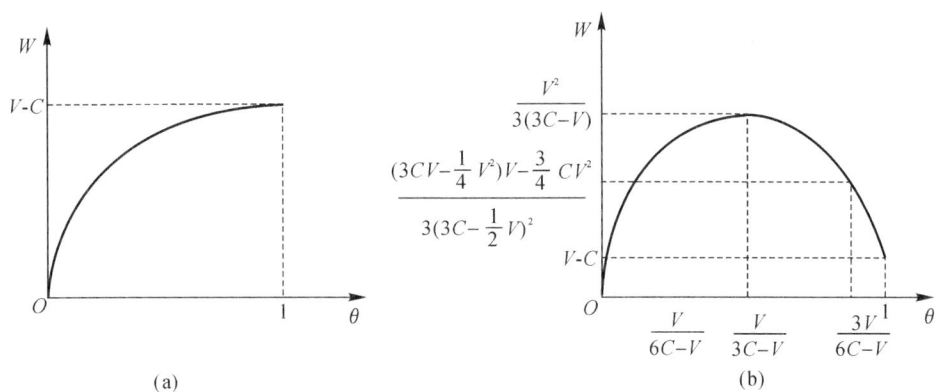

图 3-3 W 与 θ 关系图

$\theta_1 = \dfrac{V_B}{6C - V_B}$ 时,

$$W_1 = \frac{(3CV_B - \frac{1}{4}V_B{}^2)V - \frac{3}{4}CV_B{}^2}{3(3C - \frac{1}{2}V_B)^2} \tag{3-44}$$

$$W_2 = pV_B - \frac{C}{2}\theta^2 - \frac{c}{2}e^2 =$$

$$\frac{[3CV_B - \frac{1}{4}V_B(V_B + D_h - D_1)](V_B + D_h - D_1) - \frac{3}{4}C(V_B + D_h - D_1)^2}{3[3C - \frac{1}{2}(V_B + D_h - D_1)]^2}$$

$$\tag{3-45}$$

对比可得,状态为差时,$W_1 > W_2$。这就意味着好状态时债务融资契约是最优的,坏状态时政府补贴融资契约是比较优的。这与现实中情况相符,坏状态时需要政策扶持。

命题 4:在债务融资契约下,产学研合作投入更高。且在好状态时,债务融资契约使得产学研合作效率更高;在坏状态时,政府补贴融资契约使得产学研合作效率更高。

由上述分析,显然 W 与 θ 的关系会受到 V 的影响,但我们很难直接获得其表达式。所以,假定存在 V_1 和 V_2,满足条件 $V_2 < V_1 < 3/2C$,那么 W 和 θ 的关系如图 3-4 所示。表明,V 越小,若 $\theta_2 > \dfrac{V}{3C - V} > \theta_1$,$W_1 > W_2$ 的可能性越大。即经济状况越差或经济状况差的几率越大,采用政府补贴融资契约更有利于提高产学研合作效率。

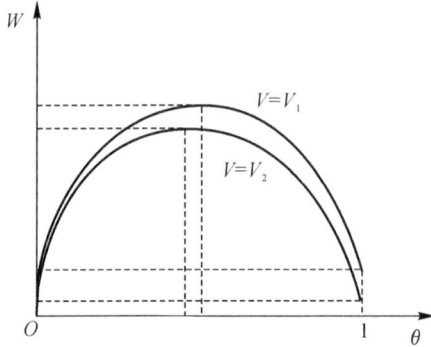

图 3-4　经济状况对社会财富－投入关系的影响

命题 5:q 越小或 V_B 越小,政府补贴契约与债务契约相比优越性越大。

3.2.3　股票融资契约及其与债务融资契约的对比

(1)股票融资契约。

在股票融资契约下,项目收益由企业、研究机构和投资者分摊。我们设定投资者拥有的股份为 $\alpha \in \{\alpha_h, \alpha_l\}$。由于项目失败后,收益为 0,所以,投资者的期望收益为 $\Pi = \alpha_h pV$。

企业和研究机构的期望收益为

$$U^F(\theta, e, \gamma) = \gamma pV - \frac{C}{2}\theta^2 \qquad (3-46)$$

$$U^R(\theta, e, \gamma) = (1 - \gamma - \alpha)pV - \frac{c}{2}e^2 \qquad (3-47)$$

为了使得双方都愿意接受此合作合约,必须满足参与约束,即 $U^F \geqslant 0$ 且 $U^R \geqslant 0$,所以有 $\gamma \geqslant \dfrac{1/2C\theta^2}{pV}$,且 $\gamma \leqslant \dfrac{(1-\alpha_h)pV - 1/2ce^2}{pV}$。

要使得 γ 存在,必须有 $\dfrac{1/2C\theta^2}{pV} \leqslant \dfrac{(1-\alpha_h)pV - 1/2ce^2}{pV}$,即 $pV \geqslant \dfrac{C}{2}\theta^2 + \dfrac{c}{2}e^2 + \alpha_h pV$,我们做出如下假设。

假设 6:对 $\forall \theta$ 和 $\forall e$,V 足够大,都有 $V \geqslant \dfrac{C}{2} + \dfrac{c}{2} + \alpha_h V$。此表达式的经济内涵是:只要项目成功,总收益大于总成本。

假设 7:$\alpha_h = \dfrac{D_l}{(1-q)V_B + qV_G}$

此假设参考了 Gebhardt 等关于可转债的讨论中对股权的设定。在此情况下,可转债可以实现最优。

在不合作的情况下,双方都会通过最大化各自的期望收益来确定投入。

企业 F 的最优投入满足:

$$\frac{\mathrm{d}U^F}{\mathrm{d}\theta} = \frac{1+e}{3}\gamma V - C\theta = 0 \tag{3-48}$$

可得

$$\theta = \frac{1+e}{3C}\gamma V \tag{3-49}$$

研究机构 R 的最优投入满足:

$$\frac{\mathrm{d}U^R}{\mathrm{d}e} = \frac{1+\theta}{3}(1-\gamma-\alpha_h)V - ce = 0 \tag{3-50}$$

可得

$$e = \frac{1+\theta}{3c}(1-\gamma-\alpha_h)V \tag{3-51}$$

式(3-49)和(3-51)联立求解,可得

$$\theta_3 = \frac{[3c+(1-\gamma-\alpha_h)V]\gamma V}{9Cc-\gamma(1-\gamma-\alpha_h)V^2} \tag{3-52}$$

$$e_3 = \frac{(3C+\gamma V)(1-\gamma-\alpha_h)V}{9Cc-\gamma(1-\gamma-\alpha_h)V^2} \tag{3-53}$$

在合作的情况下,双方会最大化其联合期望收益。

联合期望收益为

$$W = (1-\alpha_h)pV - \frac{C}{2}\theta^2 - \frac{c}{2}e^2 \tag{3-54}$$

由 $\frac{\partial W}{\partial \theta} = \frac{1+e}{3}(1-\alpha_h)V - C\theta = 0$,可得

$$\theta = \frac{1+e}{3C}(1-\alpha_h)V \tag{3-55}$$

由 $\frac{\partial W}{\partial e} = \frac{1+\theta}{3}(1-\alpha_h)V - ce = 0$,可得

$$e = \frac{1+\theta}{3c}(1-\alpha_h)V \tag{3-56}$$

式(3-55)和式(3-56)联立求解可得

$$\tilde{\theta}_1 = \frac{[3c+(1-\alpha_h)V](1-\alpha_h)V}{9Cc-(1-\alpha_h)^2V^2} \tag{3-57}$$

$$\tilde{e}_1 = \frac{[3C+(1-\alpha_h)V](1-\alpha_h)V}{9Cc-(1-\alpha_h)^2V^2} \tag{3-58}$$

可见,非合作情况下的纳什均衡努力与控制权配置相关,而合作情况下的最优均衡努力与控制权配置无关。所以,问题的核心就变为是否存在一个控制权安排 $\bar{\gamma}$,使得两种情况下的均衡努力相等。类似的,很容易证得不存在这样一个控制权安排 $\bar{\gamma} \in [0,1]$ 使得纳什均衡努力与最优均衡努力一致。

因此,最优的控制权配置方案应是最大化非合作的纳什均衡努力之和,即

$$\theta_3 + e_3 = \frac{[3c + (1-\gamma-\alpha_h)V]\gamma V + (3C+\gamma V)(1-\gamma-\alpha_h)V}{9Cc - \gamma(1-\gamma-\alpha_h)V^2}$$

$$= \frac{3c\gamma V + 3C(1-\gamma-\alpha_h)V + 2(1-\gamma-\alpha_h)V\gamma V}{9Cc - \gamma(1-\gamma-\alpha_h)V^2}$$

$$(3-59)$$

要求最优的控制权配置方案,须对式(3-59)关于 γ 求导,并令其等于 0,即

$$\frac{d(\theta_3 + e_3)}{d\gamma} = \frac{3C[(1-\gamma-\alpha_h)V + 3c]^2 - 3c[\gamma V + 3C]^2}{[9Cc - \gamma(1-\gamma-\alpha_h)V^2]^2}V = 0 \quad (3-60)$$

简化(3-60),可得

$$C[(1-\gamma-\alpha_h)V + 3c]^2 = c[\gamma V + 3C]^2 \quad (3-61)$$

将(3-61)两边求平方根,再推导可得最优的控制权配置系数为

$$\gamma_3{}^* = \frac{\sqrt{C}}{\sqrt{C}+\sqrt{c}} - \frac{\sqrt{C}\alpha_h}{\sqrt{C}+\sqrt{c}} - \frac{3\sqrt{Cc}(\sqrt{C}-\sqrt{c})}{(\sqrt{C}+\sqrt{c})V} \quad (3-62)$$

表达式第一部分是按照相对机会成本进行的配置,第二部分是投资者股份对企业和研究机构控制权配置的影响,第三部分可以看做是资源价值差异对控制权配置的影响。

如果 $C=c$,即企业和研究机构投入的资源价值相当时,$\gamma_3{}^* = \frac{1}{2} - \frac{\alpha_h}{2}$。

命题 6:在股票融资契约下,最优的控制权安排是 $\gamma_3{}^* = \frac{\sqrt{C}}{\sqrt{C}+\sqrt{c}} - \frac{\sqrt{C}\alpha_h}{\sqrt{C}+\sqrt{c}} - \frac{3\sqrt{Cc}(\sqrt{C}-\sqrt{c})}{(\sqrt{C}+\sqrt{c})V}$,即企业 F 拥有 $\gamma_3{}^*$ 部分,研究机构拥有 $1-\gamma_3{}^*-\alpha_h$ 部分。如果 $C=c$,$\gamma_3{}^* = \frac{1}{2} - \frac{\alpha_h}{2}$。

为了简单起见,讨论 $C=c$ 的情形,此时,$\gamma_3{}^* = \frac{1}{2} - \frac{\alpha_h}{2}$。

将 $\gamma_3{}^* = \frac{1}{2} - \frac{\alpha_h}{2}$ 代入(3-52)和(3-53),可得

$$\theta_3(\gamma_3{}^*) = \frac{\left[3c + \frac{1}{2}(1-\alpha_h)V\right]\frac{1}{2}(1-\alpha_h)V}{9C^2 - \frac{1}{4}(1-\alpha_h)^2V^2} = \frac{\frac{1}{2}(1-\alpha_h)V}{3C - \frac{1}{2}(1-\alpha_h)V} \qquad (3-63)$$

$$e_3(\gamma_3{}^*) = \frac{\left[3C + \frac{1}{2}(1-\alpha_h)V\right]\frac{1}{2}(1-\alpha_h)V}{9C^2 - \frac{1}{4}(1-\alpha_h)^2V^2} = \frac{\frac{1}{2}(1-\alpha_h)V}{3C - \frac{1}{2}(1-\alpha_h)V} \qquad (3-64)$$

则
$$\theta_3(\gamma_3{}^*) + e_3(\gamma_3{}^*) = \frac{(1-\alpha_h)V}{3C - 1/2(1-\alpha_h)V} \qquad (3-65)$$

$$p_3 = \frac{\dfrac{(1-\alpha_h)V}{3C - 1/2(1-\alpha_h)V} + \dfrac{1/4(1-\alpha_h)^2V^2}{\left[3C - 1/2(1-\alpha_h)V\right]^2}}{3} = \frac{3C(1-\alpha_h)V - 1/4(1-\alpha_h)^2V^2}{3\left[3C - 1/2(1-\alpha_h)V\right]^2} \qquad (3-66)$$

$$W_3 = pV - \frac{C}{2}\theta^2 - \frac{c}{2}e^2 = \frac{\left[3CV - \frac{1}{4}(1-\alpha_h)V^2\right](1-\alpha_h)V - \frac{3}{4}C(1-\alpha_h)^2V^2}{3\left[3C - \frac{1}{2}(1-\alpha_h)V\right]^2}$$

$$(3-67)$$

（2）股权融资契约和债务融资契约的对比。

同样，下述从最优控制权配置、投入和社会财富三方面对比股权融资契约和债务融资契约。

$$\gamma_2{}^* = \frac{\sqrt{C}}{\sqrt{C}+\sqrt{c}} + \frac{\sqrt{c}(D_h-D_l)}{(\sqrt{C}+\sqrt{c})V} - \frac{3\sqrt{Cc}(\sqrt{C}-\sqrt{c})}{(\sqrt{C}+\sqrt{c})V}$$

$$\gamma_3{}^* = \frac{\sqrt{C}}{\sqrt{C}+\sqrt{c}} - \frac{\sqrt{C}\alpha_h}{\sqrt{C}+\sqrt{c}} - \frac{3\sqrt{Cc}(\sqrt{C}-\sqrt{c})}{(\sqrt{C}+\sqrt{c})V}$$

显然 $\gamma_2{}^* > \gamma_3{}^*$，即在债务融资契约下分配给企业的控制权大于在股权融资契约下的情况，由

由 $\theta_3 + e_3 - (\theta_2 + e_2) = \dfrac{(1-\alpha_h)V}{3C - 1/2(1-\alpha_h)V} - \dfrac{V + D_h - D_l}{3C - 1/2(V + D_h - D_l)} = $

$\dfrac{-3C(\alpha_h V + D_h - D_l)}{\left[3C - 1/2(1-\alpha_h)V\right]\left[3C - 1/2(V + D_h - D_l)\right]} < 0$ 可知，债务融资契约下双方投入更多。

再对比社会财富。

由 $W = pV - \dfrac{C}{2}\theta^2 - \dfrac{c}{2}e^2$，则 $\dfrac{\partial W}{\partial \theta} = \dfrac{1+e}{3} - C\theta$。

类似前面对政府补贴和债务融资契约的对比,我们容易推导得出,当好状态时,$W_2 > W_3$;当坏状态时,$W_2 < W_3$。

命题 7:债务融资契约与股权融资契约对产学研合作效率影响的差别视经济状况而定。①如果是好状态,则 $\theta_2 > \theta_3$ 且 $W_2 > W_3$。②如果是坏状态,则 $\theta_2 > \theta_3$ 但 $W_2 < W_3$。

现实情况中,在坏状态下,债的成本比较大,产学研合作双方为了能够还本付息,必须付出更多。但是由于坏状态下项目收益小,导致投入产出效率比较低。

3.2.4 可转债融资契约及其与债务融资契约和 股票融资契约的对比

(1)可转债融资契约。

在可转债融资契约下,投资者不再是外生的,其需要在 $t = 2.5$ 时,选择是否转股。若转股,则拥有 $\alpha \in \{\alpha_h, \alpha_l\}$ 部分股份,若不转股则获得固定的 $D \in \{D_h, D_l\}$。

如果 $B = 0$,即投资者不选择转股,其期望收益为 $\Pi = 0$。如果选择转股,即 $B = 1$,则期望收益为 $\Pi = \alpha_h pV - [pD_l + (1-p)D_h]$。只有当 $\alpha_h pV > pD_l + (1-p)D_h$ 即 $1 > \alpha_h > (D_l + \frac{1-p}{p}D_h)/V$ 时,投资者才会选择转股($B = 1$)。如果 $\alpha_h \leqslant (D_l + \frac{1-p}{p}D_h)/V < 1$,投资者将选择不转股。

根据假设 $V_G > V_B$ 以及 $\alpha_h = \dfrac{D_l}{(1-q)V_B + qV_G}$,显然有 $\alpha_h = \dfrac{D_l}{(1-q)V_B + qV_G} < \dfrac{pD_l + (1-p)D_h}{pV_B}$ 表明在坏状态时投资者会选择持有债权。

在好状态时,$\alpha_h = \dfrac{D_l}{(1-q)V_B + qV_G}$ 与 $\dfrac{pD_l + (1-p)D_h}{pV_G}$ 的关系取决于 p 值的大小,我们对此进行详细分析。

由 $\lim\limits_{p \to 0} \dfrac{pD_l + (1-p)D_h}{pV_G} = +\infty$ 及 $\dfrac{\mathrm{d}\dfrac{pD_l + (1-p)D_h}{pV_G}}{\mathrm{d}p} = -\dfrac{D_h}{V_G p^2} < 0$,可知,$p$ 值越大,$\alpha_h = \dfrac{D_l}{(1-q)V_B + qV_G} > \dfrac{pD_l + (1-p)D_h}{pV_G}$ 的可能性就越大,投资者选择转股的可能性也越大。

当 $p=1$ 时,要使得 $\alpha_h = \dfrac{D_1}{(1-q)V_B+qV_G} > \dfrac{pD_1+(1-p)D_h}{pV_G}$,须有 $\alpha_h = \dfrac{D_1}{(1-q)V_B+qV_G} > \dfrac{D_1}{V_G}$,显然此式成立。

命题 8:在好状态时,投资者选择转股的可能性更大。

企业和研究机构预期到投资者的决策,在好状态时,更多地按照股权融资契约下的最优投入进行投入;在坏状态时,会按照债务融资契约下的最优投入进行投入。但是在签约时,经济状况是未知的。最优的控制权安排应是经济状况的函数。

命题 9:在可转债融资契约下,最优的控制权安排是

$$\gamma_4{}^* = q\left\{\frac{\sqrt{C}}{\sqrt{C}+\sqrt{c}} - \frac{\sqrt{C}D_1}{(\sqrt{C}+\sqrt{c})[(1-q)V_B+qV_G]} - \frac{3\sqrt{Cc}(\sqrt{C}-\sqrt{c})}{(\sqrt{C}+\sqrt{c})V_G}\right\}$$
$$+ (1-q)\left\{\frac{\sqrt{C}}{\sqrt{C}+\sqrt{c}} + \frac{\sqrt{c}(D_h-D_1)}{(\sqrt{C}+\sqrt{c})V_B} - \frac{3\sqrt{Cc}(\sqrt{C}-\sqrt{c})}{(\sqrt{C}+\sqrt{c})V_B}\right\}$$

即企业 F 拥有 $\gamma_4{}^*$ 部分,研究机构拥有 $1-\gamma_4{}^*-\alpha_h$ 部分。如果 $C=c$,则

$$\gamma_4{}^* = \frac{1}{2}\left[1 - \frac{1}{2}\frac{D_h-D_1}{(1-q)V_B+qV_G} + \frac{1}{2}\frac{D_h-D_1}{V_B}\right]$$

可得,产学研双方最优的投入分别为

$$\theta_4(\gamma_4{}^*) = q\frac{1/2(1-\alpha_h)V_G}{3C-1/2(1-\alpha_h)V_G} + (1-q)\frac{V_B-D_h+D_1}{6C-V_B+D_h-D_1} \quad (3-68)$$

$$e_4(\gamma_4{}^*) = q\frac{1/2(1-\alpha_h)V_G}{3C-1/2(1-\alpha_h)V_G} + (1-q)\frac{V_B-D_h+D_1}{6C-V_B+D_h-D_1} \quad (3-69)$$

可得社会财富为

$$W_4 = pV - \frac{C}{2}\theta^2 - \frac{c}{2}e^2 = q\frac{[3CV_G-\frac{1}{4}(1-\alpha_h)V_G{}^2](1-\alpha_h)V_G - \frac{3}{4}C(1-\alpha_h)^2V_G{}^2}{3[3C-\frac{1}{2}(1-\alpha_h)V_G]^2}$$

$$+ (1-q)\frac{[3CV_B-\frac{1}{4}V_B(V_B-D_h+D_1)](V_B-D_h+D_1) - \frac{3}{4}C(V_B-D_h+D_1)^2}{3[3C-\frac{1}{2}(V_B-D_h+D_1)]^2}$$

$$(3-70)$$

(2)可转债融资契约与债务融资契约和股权融资契约的对比。

下述从最优的控制权配置、投入和社会财富三方面对可转债融资契约与债务融资契约和股权融资契约进行对比:

$$\gamma_2^* = \frac{\sqrt{C}}{\sqrt{C}+\sqrt{c}} + \frac{\sqrt{c}(D_h-D_1)}{(\sqrt{C}+\sqrt{c})V} - \frac{3\sqrt{Cc}(\sqrt{C}-\sqrt{c})}{(\sqrt{C}+\sqrt{c})V} \tag{3-71}$$

$$\gamma_3^* = \frac{\sqrt{C}}{\sqrt{C}+\sqrt{c}} - \frac{\sqrt{C}\alpha_h}{\sqrt{C}+\sqrt{c}} - \frac{3\sqrt{Cc}(\sqrt{C}-\sqrt{c})}{(\sqrt{C}+\sqrt{c})V} \tag{3-72}$$

$$\gamma_4^* = q\left\{\frac{\sqrt{C}}{\sqrt{C}+\sqrt{c}} - \frac{\sqrt{C}D_1}{(\sqrt{C}+\sqrt{c})[(1-q)V_B+qV_G]} - \frac{3\sqrt{Cc}(\sqrt{C}-\sqrt{c})}{(\sqrt{C}+\sqrt{c})V_G}\right\}$$
$$+ (1-q)\left\{\frac{\sqrt{C}}{\sqrt{C}+\sqrt{c}} + \frac{\sqrt{c}(D_h-D_1)}{(\sqrt{C}+\sqrt{c})V_B} - \frac{3\sqrt{Cc}(\sqrt{C}-\sqrt{c})}{(\sqrt{C}+\sqrt{c})V_B}\right\} \tag{3-73}$$

显然，$\gamma_2^* > \gamma_4^* > \gamma_3^*$。

由式（3-40）、式（3-63）和式（3-68）可知，最优的投入分别为

$$\theta_2 = \frac{V-D_h+D_1}{6C-V+D_h-D_1} = q\frac{V_G-D_h+D_1}{6C-V_G+D_h-D_1} + (1-q)\frac{V_B-D_h+D_1}{6C-V_B+D_h-D_1} \tag{3-74}$$

$$\theta_3 = \frac{\frac{1}{2}(1-\alpha_h)V}{3C-\frac{1}{2}(1-\alpha_h)V} = q\frac{\frac{1}{2}(1-\alpha_h)V_G}{3C-\frac{1}{2}(1-\alpha_h)V_G} + (1-q)\frac{\frac{1}{2}(1-\alpha_h)V_B}{3C-\frac{1}{2}(1-\alpha_h)V_B} \tag{3-75}$$

$$\theta_4 = q\frac{1/2(1-\alpha_h)V_G}{3C-1/2(1-\alpha_h)V_G} + (1-q)\frac{V_B-D_h+D_1}{6C-V_B+D_h-D_1} \tag{3-76}$$

显然，$\theta_2 > \theta_4 > \theta_3$。

由上述分析可知，如果 $V>3C-V$，即 $V>3/2C$，则显然 $\theta<\dfrac{V}{3C-V}$，W 与 θ 正相关[见图3-3(a)]；如果 $V<3C-V$，即 $V<3/2C$，则 W 与 θ 呈倒 U 型关系[见图3-3(b)]。

在好状态时，$V_G>3/2C$，那么债务优于可转债，可转债优于股权，即 $W_2>W_4>W_3$。

在坏状态时，$V_B<3/2C$，如果 $\dfrac{V}{3C-V}>\theta_2>\theta_4>\theta_3$，则 $W_2>W_4>W_3$；如果 $\theta_2>\dfrac{V}{3C-V}>\theta_4>\theta_3$，则根据前面分析有 $W_4>W_3>W_2$。

根据假设2，有 $\theta_2>\dfrac{V_B}{3C-V_B}>\theta_4>\theta_3$ 成立。可以得下述命题10。

命题 10：在好状态时，$W_2 > W_4 > W_3$；在坏状态时，$W_4 > W_3 > W_2$

债务优于可转债，可转债优于股权；在坏状态时，可转债优于股权，股权优于债务。

在自然状态不确定的情况下，如果 $q = \dfrac{1}{2}$ 即经济状态好和坏的概率各一半的时候，根据命题 10，可得 $W_4 > W_2 > W_3$。

可转债给了投资者将债务转股权的权利，这种相机的现金流配置机制对于产学研合作双方会起到一个激励。

3.3 本 章 小 结

本章基于不完全契约分析框架，以 Brocas（2004）的模型为基础，参考 Socorro（2007）和 Gebhardt 等的部分思想，构建了产学研合作模型，对比分析了政府补贴、债务、股权和可转债四种融资契约下产学研合作控制权配置及合作研发效率，如图 3-5 所示。

本章得到了以下结论，模型研究逻辑和研究结果见图 3-5。

（1）由命题 1 可知，产学研合作双方的投入与所分配的控制权呈正相关关系。

（2）命题 2、命题 3、命题 6、命题 9 分别给出了不同融资契约下最优的产学研合作控制权配置方案，表明在不同的融资契约下，最优的产学研合作控制权配置方案是不同的。也就是说，在企业为主体的产学研合作研发中，不同的融资契约下应采取不同的控制权配置方案，以尽可能地提高产学研合作的效率。

（3）由命题 4 和命题 5 可知，在经济状况好的时候，债务融资契约比政府补贴融资契约能更有效地促进产学研合作研发效率；在经济状况差的时候，政府补贴融资契约使得产学研合作效率更高，并且经济状况越差，政府补贴融资契约与债务融资契约相比优越性越大。

（4）由命题 7、命题 8 和命题 10 可知，在 3 种具有市场特性的金融工具中，债务融资契约下产学研合作双方的投入水平最高，但经济状况差时，产学研合作效率并不高于其他融资契约的情况；在经济状况不确定的情况下，赋予投资者未来转股选择权的可转债融资契约能够更有效地提高产学研合作研发效率。

基于上述主要研究结论，本章提出了 10 个命题。需要指出的是，理论模型

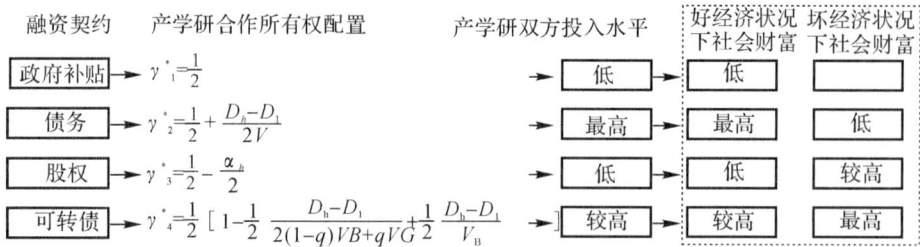

融资契约	产学研合作所有权配置		产学研双方投入水平	好经济状况下社会财富	坏经济状况下社会财富

图 3-5　模型研究逻辑和研究结果

得出的结论还有待于经验数据的进一步支持,以提高理论分析的可信度。由于控制权配置涉及到合作双方的合同,一般比较私密,所以,有关合作研发中控制权配置的数据难以获得。虽然通过量表设计进行问卷调查以及通过一些可观察变量来测度研发投入,但是也难以保证其真实性。

4 融资契约对产学研合作研发中控制权配置及其效率影响的实验研究

通过第 3 章的理论分析可得,不同的融资契约下最优的合作控制权配置方案不同,进而导致合作效率不同。考虑到研究问题的前瞻性以及经验数据的有限性,本章结合实验研究方法自行设计实验比较不同融资契约对产学研合作研发中控制权配置及合作效率的影响,着重从内部效度检验理论研究结论的有效性。所以,本章的主要内容是通过实验室实验的方法对理论推导的结论进行进一步证实。

4.1 实验研究相关问题简述

4.1.1 实验研究的兴起及应用范围

实验室实验是自然科学和工程科学学科常用的一种研究方法,自然科学和工程科学学科之所以获得科学的共识,实验在其中扮演着重要的角色。由于社会科学所研究的事件和人具有不可重复的特性,在社会科学研究中实验方法没有得到普遍的认可。然而,随着社会科学与自然科学的不断交融,实验方法也逐步被引入到社会科学研究中。特别是 Vernoon Smith 在 2002 年因实验经济学获得诺贝尔经济学奖标志着实验经济学已经成为了经济学领域重要的研究方法之一。

传统经济学通常采用数学演绎的方法,通过构造复杂的数学模型来对现实进行说明和解释,然而,在对这些数学模型得出的理论进行经验检验时遇到了下述问题。①经验数据的难以获得性。对理论进行检验需要搜集现实经验数据,但是一些涉及到商业机密的数据很难甚至无法获得。②经验数据不可重复。对理论预测的证实或证伪都需要大量的检验,但经验数据却比较难以达到在相同的环境和机制下大量重复的要求。③经验数据无法区分具体理论的作用,经验数据既包含特定理论假定的环境,又包括干扰变量的影响,这限制了对理论的检验能力。实验检验方法弥补了经验检验方法的不足,其最突出的特点就是可重复特性和可控制特性。经济学家可以重复实验,以克服经验数据不可复制的问题;实验室条件下的可控制性指在实验中可以通过对实验的设计和程序的控制,消除可能会对结果产生噪音的其他相关变量的影响,在这样的状况下,实验研究就不需要面临理论问题以外的影响因素,从而使研究的结果更加地可靠。而且,传统经济学模型一般假定人仅仅具有追求财富的动机,这种高度抽象的简化与现实经济世界相脱离。实验经济学则认为经济参与人是可犯错误的、有学习能力的。经济决策人解决问题时并不采用经济学家的计算过程,遵从了科学研究的经验主义传统(谢刚,2006;徐细雄,2007)。

随着实验经济学的兴起,实验方法逐渐地被其他诸如经济学、管理学、金融学等社会科学所借鉴,并取得了前所未有的发展。国外的一些主流经济学、管理学和金融学期刊刊登了大量的有关实验室实验方面的研究论文,而在国内相关主流期刊,如管理科学学报、管理工程学报、南开管理评论等期刊上也刊载了大量的有关实验室实验的研究论文,如 Anderhub 在委托代理框架下运用实验研究方法分析了不同形式激励契约对代理人努力水平的影响;Sirmans 等(2005)将实验方法引入到金融领域,他们通过实验研究发现投资者的投资决策过程与实物期权理论预测并不完全吻合;徐细雄和万迪昉等(2008)认为企业控制权私有收益及控制权配置很难通过实地调研和二手数据来获得,为此,他通过实验室实验研究了企业控制权动态配置的内在激励及其治理效应,研究结果表明,控制权动态配置与相机转移有利于抑制管理者控制权私有收益,保护投资者利益;控制权转移强度越大,管理者追求私有收益的投入水平就越低,同时,实验结果还显示,控制权动态配置与外部信息披露与监管机制之间存在相互补充的关系。在研发问题的研究中,学者也大量采用了实验的方法。如:Isaac 和 Reynolds(1988)基于随机创新模型设计了一个静态的实验,分析了专用性和市场结构的关系;Zizzo(2002)则通过动态的多阶段专利竞赛实验,研究了竞赛如何受不确定性的影响。

尽管上述这些实验研究的研究主题与内容不尽相同,但它们基本上都属于管理、公司治理与公司金融领域的相关问题,这说明实验室研究得到了广泛的应用。

4.1.2 实验研究的必要性

在第 3 章中,我们通过模型构建证明了可以通过不同的融资契约设计来实现最优的产学研合作控制权配置,从而对产学研合作双方进行有效的激励约束。但是,模型推导得出的结论是建立在完全信息和完全理性基础之上的,而现实中决策人并非都精于计算,产学研合作双方可能凭经验决策,因此理论模型分析的均衡结果是否与现实一致还有待进一步检验。然而,通过实地调研的现场数据或二手统计数据,我们都很难实现上述研究目标,这主要有下述几方面的原因。

(1)很难对产学研合作中控制权配置比例和双方的策略行为以及合作效率进行精确度量。尽管管理学研究可以通过量表设计进行的问卷调查来对一些策略进行推断,但是现实中也很难保证企业和高校、科研机构对真实策略行为特别是一些短期行为进行真实的回答。本章的核心主题是验证不同融资契约对产学研合作研发中控制权配置及合作研发的激励效应,这也很难通过二手数据来得到精确数据。并且产学研合作双方的激励效应还受到外部监管环境所导致成本的制约等,显然,通过实地调研数据我们无法剔除这些系统因素的影响。而实验研究最大的优势就是其可控性:研究者能够在人为控制其他变量不变的情形下,单独改变研究变量并观测由此引发的效应,进而评价某一理论预测的真实性或比较不同理论的适应性。

(2)第 3 章 4 种不同类型融资契约对产学研合作研发控制权配置、合作研发的激励效应的实现机理及其差异的经验验证无法通过实地调研或统计数据来实现。现实中产学研合作项目的融资方式往往是多元化的,即可能通过政府补贴,也可能通过债务或股权进行融资,而且很多情况下是几种方式的组合。所以,通过实地数据我们无法单独分析某一特定融资契约的激励效应,而借助实验室研究,则能够很容易通过实验变量来控制融资契约的类型,并观测、分析不同融资契约情境下交易主体的决策行为及其规律。

(3)第 3 章 4 种不同类型融资契约下控制权配置对产学研合作效率的激励效应无法通过实地调研或统计数据来实现。控制权配置涉及到合作双方的合同,一般比较私密,所以,有关合作研发中控制权配置的数据难以获得。同时,现实中产学研合作项目的融资方式的多元化,使得我们无法单独分析某一特定融资契约下最优的产学研合作控制权的配置情况。借助实验室研究能够同时控制融资契约的类型和控制权配置,然后分析不同融资契约下最优的控制权配置以及不同控制权安排下主体的决策和规律。

(4)除了上述研究主题的特殊性外,实验研究方法也能够降低研究成本和提高数据的可靠性。实地数据的收集和确认是昂贵的,同时,实地数据往往并不是研究者根据科学研究目的收集的,而是商业或政府机构根据其自身目的收集的。相反,实验研究则是根据某一特定研究目的进行有针对性的实验设计,并据此进行数据采集和相应分析,显然这有利于提高数据的可靠性(谢刚,2006;徐细雄,2007)。

4.1.3　实验室实验的异议及解答

虽然实验方法已得到广泛的应用,但还是遭到社会科学实验批评者的质疑。经济学家们普遍认为实验室实验可以得到良好的控制并能获得良好的内部效度(Fehr et al.,2002),但是外部效度则较低,主要质疑实验环境的设定是否会影响到实验结论的普遍适用性,样本是否具有代表性。

的确,真实世界中的交互比实验室中的控制了环境的交互复杂得多,所以实验室实验不可能复制真实世界。但是,好的实验中,也是真实的人在做真实的决策,获得真实的效益,而且经济学实验并不是顾及到真实环境的因素越多越好。万迪昉(2005)对实验环境影响结论普适性问题给出了充分解释。他认为,实验结果的精度和概括性之间是相互矛盾的,为了达到精确性,就要人为地严格控制情景和外部变量,这样或多或少地违背和破坏事件发展的经济状况,结果越是精确,违背和破坏就越多,这种非经济状况限制了实验结果推向现实世界的可能性。实验设计者面临两难困境,若提高内部效度则降低外部效度,或者相反,内部效度和外部效度的矛盾不可能在一次实验中求得两全答案,靠重复实验可以检验研究结果的外部效度。通常为了验证某种假设,首先在实验室或严格控制条件下进行实验,如能得到支持,然后再在稍微放松的条件下再实验,如满意,再从另外一些角度和放松条件重复实验,通过重复达到内部效度和外部效度的双重目标。

关于样本的代表性问题,Fehr 等(2002)研究进行了解答。实际上,实验研究中要在任何已知总体中找到真正有代表性的样本并不容易,即便是在实地和经验研究中。因此,只要受试者是自愿参与的,同时对实验情景有所了解,同时受到某种利益或兴趣的驱使,便可以通过重复的放松假设条件,靠重复实验来检验外部效度,如在著名的博弈实验(如礼物交换实验等)中,就是选用非专业人员(如学生)来进行检验的(Fehr,2002)。虽然,学生作为实验对象遭到了实验经济学批评者的疑义,认为学生远不如真实市场投资者那样富有经验,会造成决策偏差。然而,Dyer 以及 Croson 已经发现真实的决策者与学生在实验决策方面并不存在显著差异,而后者作为实验对象的费用却要远远低于前者。Friedman

以及 Camerer（2004）对比研究也发现，学生和专业人员在实验中的行为不存在差异，而且后者体现出较不理性的特点。这就是说，并不能否定利用学生做实验的合理性。同时，Friedman 指出，专业人员在做实验决策时，可能会脱离模型中设定的规则而依据自己的经验，作为被试验对象反倒会有问题。Fehr（2002）更是认为，高年级本科生和低年级硕士生是最合适的经济管理类实验参与主体，因为一方面他们了解相关理论背景，能够很好地理解实验逻辑；另一方面他们又不像社会参与者那样具有很强的思维定势，容易实现与实验主题的行动一致性。因此，目前国际上绝大部分经济管理类实验都是用高年级本科生或低年级硕士生作为实验参与主体。而且，实验室实验这种新兴研究方法的发展速度是前所未有的。大量以学生为实验对象的实验研究被刊登在主流的经济学和管理学期刊上，如《The American Economic Review》《Strategic Management Journal》；国内高层次期刊，如《管理工程学报》《管理科学学报》《金融研究》等也刊载了大量有关实验室实验的研究论文，可见以学生作为实验对象存在一定的合理性。

4.2 实验研究假设

根据第 3 章模型中所体现的经济学思想和分析结论，提炼出模型中核心变量间相互影响关系的研究假设，如果实验数据验证了这些假设，则表明理论模型的预测是有效的，从而增加了模型分析结论在产学研合作研发实践中成立的可信性。

第 3 章中我们得出了 9 个命题，基于这些命题，本章提出以下实验研究假设：

命题 1 提出企业的投入与控制权分配系数正相关，研究机构的投入与控制权分配系数负相关。也就是说，分配给主体的控制权越大，其投入越大。由此，得出假设 1。

假设 1：产学研合作主体投入与控制权配置比例正相关。

命题 2、命题 3、命题 6 和命题 9 给出了 4 种融资契约下最优的控制权配置系数，在实验中，我们围绕各自最优的控制权配置系数上下浮动，针对每种融资契约设计了 3 种控制权安排。根据命题 2、命题 3、命题 6 和命题 9，第二种控制权配置（最优的）下社会财富应该是最大的。由此，得出假设 2。若假设 2 得证，可间接证明模型得出控制权配置系数的确是最优的。

假设 2：社会财富与控制权配置系数呈倒"U"型关系。

由命题 4、命题 7，可提出下述假设 3、假设 4、假设 5。

假设3:债务融资契约下产学研合作双方的投入大于政府补贴、股权和可转债融资契约的情况;可转债融资契约下产学研合作双方的投入大于股权融资契约的情况。

假设4:在经济状况好的时候,债务融资契约下产学研合作研发的社会财富大于政府补贴和股权融资契约的情况;在经济状况坏的时候,政府补贴和股权融资契约下产学研合作研发的社会财富大于债务融资契约的情况。

假设5:在经济状况好的时候,债务融资契约下产学研合作研发的社会财富大于可转债融资契约的情况;在经济状况坏的时候,可转债融资契约下产学研合作研发的社会财富大于债务融资契约的情况。

由命题8,提出假设6。

假设6:好状态时投资者选择转股的可能性大于坏状态时。

4.3 实验设计

4.3.1 实验条件设计

实验设计要尽可能简单,但必须反映理论关键要素,同时必须提供有效的激励机制以确保实验参与者按照现实情景选择行动测量。本实验设计的主要假设和赋值都是在遵循第3章的模型构建基础上进行的,并且变量的定义依照第4章的模型进行简化。我们假定 $C=c$,即产学研双方投入的机会成本相当。

假设市场上存在一个企业和一个研究机构,企业有一个研发项目,需要与研究机构合作;同时,企业没有资金,需要从外面进行融资。实验系统中存在四种融资契约,即政府补贴融资契约、债务融资契约、股权融资契约以及可转债融资契约。在政府补贴融资契约、债务融资契约和股权融资契约下,每两个实验主体进行随机配对,其中一人扮演企业,一人扮演研究机构;在可转债融资契约下,每3个实验主体进行随机配对,其中一人扮演企业,一人扮演研究机构,一人扮演投资者。各融资契约特征描述如下:①如融资契约为政府补贴,项目收益由企业与研究机构分摊,且企业无需还本偿息;②如融资契约为债务融资契约,项目收益由企业与研究机构分摊,同时企业需要还本付息,为简单起见,利率设为0;③如果融资契约为股权融资契约,则项目收益由企业、研究机构和投资者分摊;④如果融资契约为可转债契约,则收益分配依赖于投资者是否执行转股期权,当投资者不执行转换期权时,项目收益由企业与研究机构分摊,同时企业需要还本付息；当投资者执行转换期权时，项目收益由企业、研究机构和投资者分摊。

我们设定 $q=1/2$，即好的经济状况和坏的经济状况的概率均为 0.5。根据第 3 章的假定可得：$C+D_1 \leqslant V \leqslant 3C-D_h+D_1$，$V_G > D_h-D_1$，$V_G > \frac{3}{2}C$，$V_B < D_h-D_1$，$V_B < \frac{3}{2}C$。参数设置如表 4-1 所示。

表 4-1 参数设置

变　量	设定值
V_G	300
V_B	100
q	0.5
C	120
c	120
D_h	200
D_1	50
α_h	0.25

因此，在补贴融资契约下，产学研合作双方的期望收益分别为

$$U^F(\theta,e,\gamma)=200\gamma p-60\theta^2 \tag{4-1}$$
$$U^R(\theta,e,\gamma)=200(1-\gamma)p-60e^2 \tag{4-2}$$

最优的控制权配置方式为 $\gamma_1^*=0.5$。

在债务融资契约下，产学研合作双方的期望收益分别为

$$U^F(\theta,e,\gamma)=200\gamma p-60\theta^2-50p-200(1-p) \tag{4-3}$$
$$U^R(\theta,e,\gamma)=200(1-\gamma)p-60e^2 \tag{4-4}$$

最优的控制权配置方式为 $\gamma_2^*=0.5+\dfrac{D_h-D_1}{2V}=0.875$

在股权融资契约下，产学研合作双方的期望收益分别为

$$U^F(\theta,e,\gamma)=200\gamma p-60\theta^2 \tag{4-5}$$
$$U^R(\theta,e,\gamma)=200(1-\gamma-\alpha_h)p-60e^2 \tag{4-6}$$

最优的控制权配置方式为 $\gamma_3^*=0.5-\dfrac{\alpha_h}{2}=0.375$

在可转债融资契约下，产学研合作双方的期望收益分别为

$$U^{F}(\theta,e,\gamma)=1/2(300\gamma p-60\theta^{2})+1/2[100\gamma p-60\theta^{2}-50p-200(1-p)]$$
$$=200\gamma p-60\theta^{2}+25p-100$$

$$(4-7)$$

$$U^{R}(\theta,e,\gamma)=1/2[300(1-\gamma-\alpha_{h})p-60e^{2}]+1/2[100(1-\gamma)p-60e^{2}]$$
$$=162.5p-200\gamma p-60e^{2}$$

$$(4-8)$$

最优的控制权配置方式为 $\gamma_{4}{}^{*}=\dfrac{1}{2}\left[1-\dfrac{1}{2}\dfrac{D_{l}}{(1-q)V_{B}+qV_{G}}+\dfrac{1}{2}\dfrac{D_{h}-D_{l}}{V_{B}}\right]=$ 0.625。

实验的主要目的在于考察不同融资契约下,控制权配置如何影响产学研合作双方的投入决策以及社会财富。为此,我们分别模拟某一种类型融资契约环境下的产学研合作双方的决策,实验参数、变量设置如表4-2所示。

表 4 - 2　各融资契约下实验设置

实验类型	期　数	实验参数	实验变量
政府补贴融资契约	1～3	$\gamma=0.45$	
	4～6	$\gamma=0.50$	
	7～9	$\gamma=0.55$	
债务融资契约	1～3	$\gamma=0.80$	
	4～6	$\gamma=0.85$	
	7～9	$\gamma=0.90$	
股权融资契约	1～3	$\gamma=0.30$	θ,e
	4～6	$\gamma=0.35$	
	7～9	$\gamma=0.40$	
可转债融资契约	1～3	$\gamma=0.60$	
	4～6	$\gamma=0.65$	
	7～9	$\gamma=0.70$	

4.3.2　实验过程

(1)实验的流程说明。

在实验之前,我们会详细的介绍本次实验的背景,在背景介绍的过程中如果实验参与者有不理解的地方,可以随时举手,实验人员负责对问题进行解答。背景介绍完之后会给每位实验参与者发一份《产学研合作研发实验说明书》,包括实验设计概览和实验流程。实验参与者可以对《产学研合作研发实验说明书》中不理解的地方提问,当确定所有的实验者均清楚实验背景和实验过程之后,才能开始实验。为了进一步熟悉实验流程,还让实验参与者进行了 3 期预实验,预实验的结果不计入最终成绩。

(2)实验的实施过程。

在实验开始之前,每个实验参与者用学号进行登录,而且要求将学号写在《产学研合作研发实验说明书》上,实验结束后,按照学号为实验参与者支付报酬。按照政府补贴融资契约、债务融资契约、股权融资契约和可转债融资契约的顺序依次进行实验,每个契约下均有 9 期实验,一共 36 期实验。

(3)实验对象和实验过程控制。

实验对象为西安交通大学管理学院四年级本科生,此前他们都学习过相关的一些课程,熟悉实验中所涉及的合作研发背景知识。实验进行了两次,时间分别为 2012 年 11 月 27 日的 14:00~15:50 和 16:10~18:00,每次实验有 22 人参加。实验地点为西安交通大学国家级实验教学示范中心机房,该机房的每台计算机之间都有隔板,同时要求实验参与者在实验的过程中不允许相互交流,如果实验中出现任何问题,可以举手示意,实验人员会私下对问题进行解答。该实验为本科生《实验管理学》的课堂实习内容,并不占用学生额外的时间。国内外的相关研究一般都使用高年级本科生和低年级硕士生作为实验的参与主体,主要是因为这些学生不会受到思维定势的局限,对实验环节了解得更加透彻,更容易把握实验的研究方向(Fehr et al,2002)。本次实验所使用的工具为西安交通大学万迪昉教授主持开发的 Xems 软件包开发平台。

(4)实验激励和实验时间。

为了实现价值诱导,我们借鉴 Smith 和 Walker 的研究,以物质和课程成绩相结合的方式对学生进行激励。除出场费外,在正式实验开始前实验参与者被明确告知:将根据各参与者的相应实验收益来确定成绩排名,每个小实验中,对每个角色排名前 6 位参与者进行奖励,其中一等奖 1 名,二等奖 2 名,三等奖 3 名。同时,实验成绩也会体现在《实验管理学》课程的考核上面。这种课程考核＋适当货币激励的诱导方式使得实验的激励效果得到加强。

4.4 实验数据分析

实验分为 4 局,每局 9 期。在政府补贴融资契约、债务融资契约和股权融资契约下,共有 44 人参加,每两人一组,分别可获得配对决策数据 $22 \times 9 = 198$ 条;在可转债融资契约下,共有 48 人参加实验,每 3 人一组,可获得配对决策数据 $16 \times 9 = 144$ 条。

本文采用 Stata10.0 统计软件对实验数据进行了处理。

4.4.1 描述性统计

根据所要研究的问题,我们对不同融资契约下的主要变量先分经济状况进行描述性统计,然后再对整体进行统计。

由表 4-3 可以看出,无论经济状况好坏,产学研合作双方对研发项目的投入在不同融资契约下大致均有如下关系:债务融资契约>可转债融资契约>政府补贴融资契约>股权融资契约。而对于社会福利 W,则不同的经济状况下有不同的情形。在好的状态下:债务融资契约(140.306)>可转债融资契约(138.363)>政府补贴融资契约(126.317)>股权融资契约(118.387);在坏的经济状况下:可转债融资契约(9.372)>股权融资契约(8.926)>政府补贴融资契约(8.326)>债务融资契约(6.398)。这些结果,初步验证了假设 5、假设 6 和假设 9。另外,在可转债融资契约下,T 的均值在经济状况好的时候明显大于坏状态时,表明在好状态时转股的可能性比较大。这初步验证了假设 6。

表 4-3 不同经济状况下不同融资契约情境下各实验变量均值

变 量	政府补贴		债 务		股 权		可转债	
	好	坏	好	坏	好	坏	好	坏
θ	0.684	0.347	0.734	0.430	0.652	0.299	0.724	0.376
e	0.735	0.354	0.838	0.505	0.671	0.240	0.805	0.358
U^F	58.767	4.661	50.582	-127.901	33.578	2.616	16.127	-115.312
U^R	62.114	3.665	-0.518	-7.621	40.687	1.211	32.855	3.703
W	126.317	8.326	140.306	6.398	118.387	8.926	138.363	9.372
T							0.140	0.061
样本量	204	192	102	96	216	178	231	201

对整体进行描述性统计的结果见表4-4。对比各融资契约下 q 的均值,发现经济状况整体偏好,虽然存在一些差异,但后面我们通过 Wilcoxon 秩和检验证明其不显著。整体来看,产学研合作双方的投入呈如下情形:债务融资契约(0.587,0.677)>可转债融资契约(0.562,0.597)>政府补贴融资契约(0.521,0.550)>股权融资契约(0.492,0.477)。对社会财富 W 而言,可转债融资契约(78.346)>债务融资契约(75.381)>政府补贴融资契约(69.109)>股权融资契约(68.935)。

表 4-4　不同融资契约情境下各实验变量描述性统计

变　量	政府补贴		债　务		股　权		可转债	
	均值	标准差	均值	标准差	均值	标准差	均值	标准差
q	0.515	0.500	0.515	0.500	0.548	0.498	0.535	0.499
θ	0.521	0.291	0.587	0.013	0.492	0.275	0.562	0.011
e	0.550	0.262	0.677	0.649	0.477	0.269	0.597	0.014
U^F	32.534	34.015	−35.955	5.102	19.590	19.558	−45.029	3.999
U^R	33.776	34.095	−3.962	0.650	22.852	21.665	19.291	1.086
W	69.109	63.793	75.381	3.525	68.935	58.549	78.346	3.183
T							0.103	0.301
样本量				198			144	

为了更好地观测实验结果,本章进一步通过散点图描绘不同融资契约下投入策略 (θ, e)。由图 4-1 可见,产学研合作双方对研发项目的投入决策根据不同的融资契约形式呈现不同的分布。在政府补贴融资契约下,双方投入在[0,0.2]的区间显著多于其他3种契约下;在股权融资契约和可转债融资契约下,尤其是可转债融资契约下,双方投入比较对称(图的左上角和右下角空白)。

下述进一步分析不同融资契约下,双方投入随控制权的变化情况。从图4-2可以看出,在政府补贴融资契约、股权融资契约和可转债融资契约下,企业投入随控制权系数的增加而逐渐上升;在债务融资契约下,企业投入水平随控制权系数的增加先上升然后下降。在4种融资契约下,研究机构的投入均随控制权系数的增加而下降。根据这一情形,我们大致可以判断,在四种融资契约下,均存在一个最优的控制权配置系数使得合作成功概率最大,但具体有待后文的进一步检验。

再来对社会总福利随经济状况变化的趋势图进行分析,图4-3所示为不同经济状况下,不同融资契约下的社会总福利水平 W 分布图(与标识的宽度无关)。可以看出,当 $tp=0$,即经济状况为坏时,债务融资契约下社会福利有最小值;当 $tp=1$,即经济状况为好时,债务融资契约下社会福利有最大值。并且,经济状况好时,社会福利的跨度比较大;经济状况坏时,社会福利比较集中比较小。

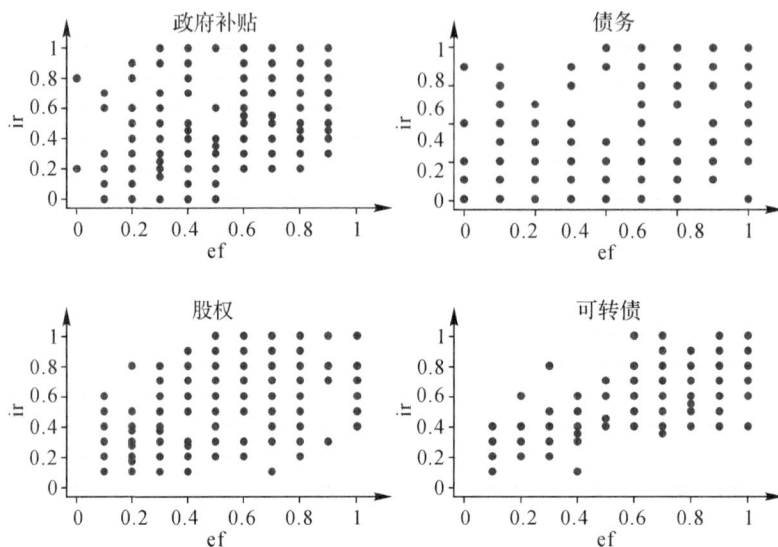

图 4-1 不同融资契约下投入 (θ,e) 的分布图

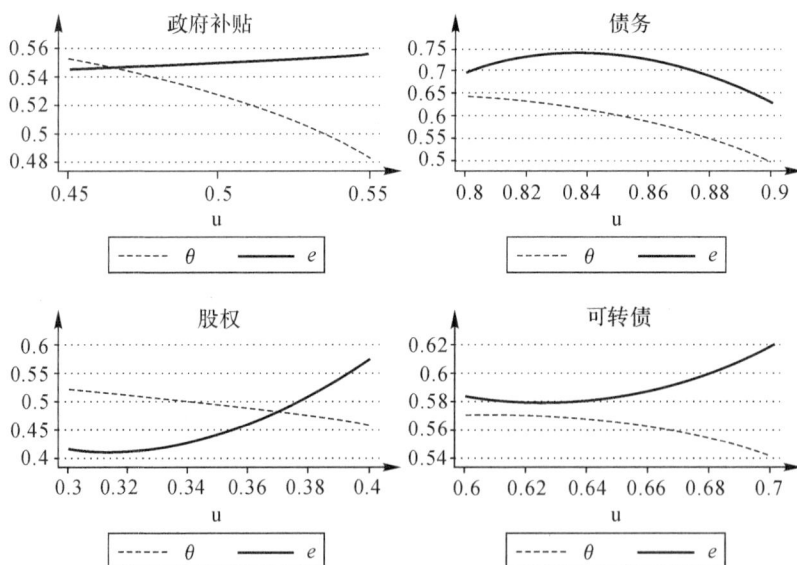

图 4-2 不同融资契约下投入 (θ,e) 与控制权 u 的关系图

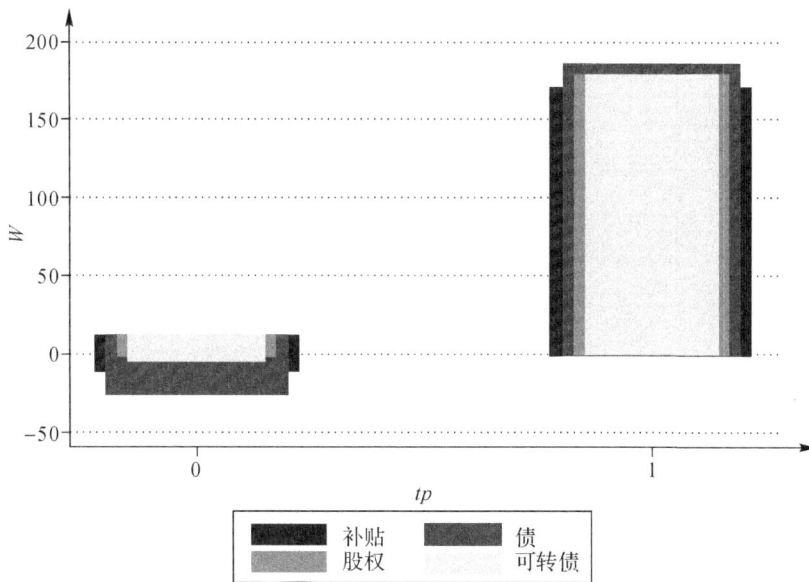

图 4-3 不同融资契约下社会福利 W 随博弈局的分布

4.4.2 产学研合作投入、社会财富与控制权配置的关系

(1)投入与控制权的关系。

由于产学研合作双方的投入只可能与控制权配置系数、经济状况以及对方的投入有关,所以设基本回归模型为

$$\theta = A + B_1 * e + B_2 * (1-u) + B_3 * q \qquad (4-9)$$

$$e = A + B_1 * \theta + B_2 * u + B_3 * q \qquad (4-10)$$

其中,A 为常数项,B 为系数。

由表 4-5 和表 4-6 的回归结果可见,企业和研究机构在合作研发中的投入均与控制权配置比例显著正相关,即分配的控制权越多,合作主体的投入越大,体现了利益分配的激励效果。假设 1 得证。

同时,对方的投入对主体的投入有显著的正向影响,可能的原因是对方投入越大,主体对其越信任,认为其搭便车的可能性小,所以促进了主体投入的积极性。

通过对比 4 种融资契约下各变量的系数可以发现,在股权融资契约下 u 的系数远大于其他融资契约,表明股权融资契约下产学研合作双方的投入对于控制权配置更敏感;同时,在可转债融资契约下 u 的系数相对来说最小,表明可转债融资契约下产学研合作双方的投入对控制权配置的敏感性比较低。

表 4-5　政府补贴和债务契约下投入与控制权配置

	政府补贴		债	
	θ	e	θ	e
e/θ	0.279(4.29)＊＊＊	0.161(4.29)＊＊＊	0.142(3.51)＊＊＊	0.215(3.51)＊＊＊
$u/(1-u)$	0.572(1.98)＊＊	0.477(2.19)＊＊	0.781(3.14)＊＊＊	0.454(1.47)＊＊
Q	控制	控制	控制	控制
R-squ	0.368	0.552	0.424	0.432
Num of obs.	198	198		

注:＊＊表示在5%的水平显著,＊＊＊表示在1%的水平显著;括号内是 t 统计值。

表 4-6　股权融资契约和可转债融资契约下投入与控制权配置

	股　权		可转债	
	θ	e	3	e
e/θ	0.194(2.87)＊＊＊	0.107(2.87)＊＊＊	0.328(8.78)＊＊＊	0.465(8.78)＊＊＊
u	1.192(4.43)＊＊＊	1.355(7.03)＊＊	0.521(3.14)＊＊＊	0.308(1.55)
q	控制	控制	控制	控制
R-squ	0.441	0.679	0.628	0.660
Num of obs.		198		144

注:＊＊表示在5%的水平显著,＊＊＊表示在1%的水平显著;括号内是 t 统计值。

(2)社会财富与控制权的关系。考虑到社会财富与产学研合作双方的投入、控制权配置以及经济状况相关,设基本回归模型为

$$W=A+B_1*e+B_2*\theta+B_3*u+B_4*q \qquad (4-11)$$

由前面产学研合作双方的投入与控制权的关系,可知必然存在一个最优的控制权分配方案,使得双方合作产生的社会财富最大,可将回归模型修正为

$$W=A+B_1*e+B_2*\theta+B_3*u+B_4*\text{u\_squ}+B_5*q \qquad (4-12)$$

在可转债融资契约下,社会财富还与投资者是否转股相关,所以我们再设定第三个回归模型为

$$W=A+B_1*e+B_2*\theta+B_3*u+B_4*\text{u\_squ}+B_5*T+B_6*q$$

$$(4-13)$$

便于比较,我们将几个模型的结果同时报告。

由表 4-7 和表 4-8，θ 和 e 的系数均显著为正，可得社会财富与双方的投入都呈正比。

根据表 4-7 的回归结果，我们发现，在政府补贴融资契约下，控制权配置系数在模型 1 中为正，但不显著；在加入二次项后，并没有改变解释力度，一次项的系数为正，二次项的系数为负，但均不显著。在债务融资契约下，控制权配置系数在模型 1 显著为正，但在加入二次项后，则不再显著；二次项的系数为负，但也不显著。尽管如此，解释力度却没有发生变化。那么，我们可以说在政府补贴融资契约和债务融资契约下，社会财富与控制权配置系数呈倒"U"型关系，但不显著。

表 4-7 补贴与债务契约下社会财富与控制权的关系

W	政府补贴		债	
	模型 1	模型 2	模型 1	模型 2
θ	50.501 (14.12)＊＊＊	50.503 (14.11)＊＊＊	55.849 (12.15)＊＊＊	55.829 (12.12)＊＊＊
E	59.785 (12.68)＊＊＊	59.879 (12.68)＊＊＊	19.355 (4.79)＊＊＊	19.269 (4.73)＊＊＊
U	31.826 (1.55)	339.121 (0.48)	97.516 (4.50)＊＊＊	317.659 (0.25)
u_squ		−307.355 2(−0.44)		−129.517(−0.18)
Q	控制	控制	控制	控制
R-squ	0.934	0.934	0.943	0.943
Num of obs.		198		198

注：＊＊＊表示在 1% 的水平显著；括号内是 t 统计值。

表 4-8 控制权配置、投入与社会财富

W	股 权		可转债		
	模型 1	模型 2	模型 1	模型 2	模型 3
θ	69.219＊＊＊ (24.88)	68.692 ＊＊＊ (24.86)	50.302＊＊＊ (11.65)	49.501＊＊＊ (11.51)	49.576＊＊＊ (11.53)
e	55.310＊＊＊ (14.76)	56.587＊＊＊ (15.12)	13.438＊＊＊ (3.73)	13.645＊＊＊ (3.81)	13.173＊＊＊ (3.67)
u	81.148＊＊＊ (5.36)	1 030.62＊＊＊ (3.05)	14.877 (1.01)	1 993.548＊＊＊ (2.59)	1 722.482＊＊＊ (2.64)

注：＊＊＊表示在 1% 的水平显著；括号内是 t 统计值。

续　表

W	股　权		可转债		
	模型 1	模型 2	模型 1	模型 2	模型 3
u_squ		−1 359.328 * * * (−2.81)		−1 291.706 * * * (−2.57)	−1 312.027 * * * (−2.61)
T					2.606 (1.30)
q	控制	控制	控制	控制	控制
R-squ	0.963	0.964	0.966	0.966	0.966
Num of obs.		198		144	

注: * 表示在 10% 的水平显著, * * 表示在 5% 的水平显著, * * * 表示在 1% 的水平显著;括号内是 t 统计值。

　　根据表 4-8 的回归结果,在股权融资契约下,控制权配置系数在模型 1 中显著为正;加入二次项后,解释力度从 0.963 增加到 0.964,一次项系数仍然显著为正,二次项系数显著为负。表明社会财富与控制权配置系数呈倒“U”型关系。在可转债契约下,控制权配置系数在模型 1 中并不显著;在加入二次项后,则显著为正,二次项系数为负且在 1% 的水平显著;进一步加入转股选择变量后,并不影响这一关系。因此,在股权和可转债融资契约下,社会财富与控制权配置系数呈倒“U”型关系。

　　综观 4 种融资契约下社会财富与控制权配置系数的关系,我们可以得出社会财富与控制权配置系数呈倒“U”型关系的结论,假设 2 得证。

4.4.3　不同融资契约对产学研合作双方投入影响的对比分析

　　在确定了产学研合作双方的投入、产生的社会财富与控制权的关系后,我们对比分析不同融资契约对产学研合作双方的投入以及产生的社会财富的影响。为了剔除经济状况的影响,我们对四种融资契约下经济状况好坏的概率进行对比。首先对经济状况变量进行 Shapiro-Wilk 正态检验。

　　由表 4-9 对各融资契约下的经济状况的正态性检验结果显示, p 值均为 1,因此可以认为经济状况变量服从正态分布。进一步通过单因素方差分析可以判断 4 组样本之间均值是否存在显著性差异,结果见表 4-10。该结果表明,在不同融资契约下,经济状况不存在显著性差异。

表 4 - 9 经济状况变量的 Shapiro-Wilk 正态检验

配对	顺序统计量 w	z 值	p
政府补贴	1.000	−7.347	1.000
债务	1.000	−7.347	1.000
股权	1.000	−6.755	1.000
可转债	1.000	−7.413	1.000

表 4 - 10 不同融资契约下经济状况平均水平配对样本
Wilcoxon 秩和检验

配 对	离差平方和	自由度	F 值	显著性概率
组间方差	0.311	3		
组内方差	402.881	1614	0.42	0.742
总值	403.192	1617		
Bartlett's test		0.010		1.000

因此,认为后面对数据整体分析得出的结论只是因为融资契约的不同所致,与经济状况无关。

下述分析不同融资契约下产学研合作双方的投入的差异。由于数据不符合正态分布要求,我们将不同融资契约下变量的数据进行两两配对样本的非参数检验,以判别融资契约对决策变量的影响。采用 Wilcoxon 秩和检验方法判别任意两个融资契约下决策变量的差异及其显著性。

(1)融资契约对研究机构投入的影响。

表 4 - 11 分经济状况的秩和检验结果表明,经济状况的好坏,对于不同融资契约下研究机构投入水平的差异无太大影响:z 值的符号在好状态和坏状态下一致;投入水平的差异显著性水平也基本一致。具体地,无论经济状况好坏,债务融资契约下研究机构的投入显著高于政府补贴融资契约和股权融资契约的情况;可转债融资契约下研究机构的投入显著高于股权融资契约的情况。无论经济状况好坏,可转债契约下研究机构的投入都略高于补贴融资契约的情况,但不显著。在好状态时,债务融资契约下研究机构的投入略高于可转债融资契约的情况,但不显著;在坏状态时,债务融资契约下研究机构的投入在 10% 的水平上显著高于可转债融资契约的情况。

表 4 - 12 整体配对检验的结果基本上是表 4 - 11 分经济状况结果的整合:

债务融资契约下研究机构的投入显著高于补贴、股权和可转债融资契约的情况；可转债契约下研究机构的投入显著高于股权融资契约的情况；可转债融资契约下研究机构的投入都略高于政府补贴融资契约的情况，但不显著。

综上，关于研究机构的投入，满足假设 3。

表 4-11　分状态研究机构投入配对样本 Wilcoxon 秩和检验

配　对	好			坏		
	期望秩和	Prob＞|z|	z	期望秩和	Prob＞|z|	z
政府补贴－债务	2 269.5	0.014	−2.466 ＊＊	1 704	0.007	−2.689 ＊＊＊
债务－股权	10 076	0.000	3.830 ＊＊＊	7 803	0.000	6.094 ＊＊＊
政府补贴－可转债	2 117.5	0.283	−1.073	1 932	0.724	−0.353
债务－可转债	9 352	0.226	1.212	9 046.5	0.067	1.834 ＊
股权－可转债	9 198	0.000	−4.106 ＊＊＊	7 776.5	0.000	−5.060 ＊＊＊

注：＊表示在 10％的水平显著，＊＊表示在 5％的水平显著，＊＊＊表示在 1％的水平显著。

表 4-12　研究机构投入水平配对样本 Wilcoxon 秩和检验

配　对	期望秩和	Prob＞|z|	z
政府补贴－债务	39 085.5	0.003	−3.007 ＊＊＊
债务－股权	38 244.5	0.000	5.870 ＊＊＊
政府补贴－可转债	78 606	0.255	−1.139
债务－可转债	38 418	0.008	2.664 ＊＊＊
股权－可转债	77 815	0.000	−4.499 ＊＊＊

注：＊＊＊表示在 1％的水平显著。

（2）融资契约对企业投入的影响。

表 4-13 分经济状况的秩和检验结果表明，经济状况的好坏，对于不同融资契约下研究机构投入水平的差异无太大影响：z 值的符号在好状态和坏状态下一致；投入水平的差异显著性水平也基本一致。具体地，无论经济状况好坏，债务融资契约下企业的投入显著高于政府补贴融资契约、股权融资契约和可转债融资契约的情况；可转债融资契约下企业的投入显著高于股权融资契约的情况。

无论经济状况好坏,可转债融资契约下企业的投入都略高于政府补贴融资契约的情况,但不显著。

表 4-13 分状态企业投入配置样本 Wilcoxon 秩和检验

配 对	好			坏		
	期望秩和	Prob> |z|	z	期望秩和	Prob> |z|	z
政府补贴—债务	2 227.5	0.000	−3.301 ***	1 725	0.000	−4.633 ***
债务—股权	10 048.5	0.000	6.961 ***	7 860.5	0.000	9.856 ***
政府补贴—可转债	2 152.5	0.135	−1.497	1 962	0.932	−0.085
债务—可转债	9 184.5	0.002	3.034 ***	9159	0.000	5.475 ***
股权—可转债	9 096.5	0.000	−5.756 ***	7717.5	0.000	−5.831 ***

注:＊＊＊表示在1%的水平显著。

表 4-14 整体配对检验的结果基本上是表 4-13 分经济状况结果的整合:债务融资契约下企业的投入显著高于政府补贴融资契约、股权融资契约和可转债融资契约的情况;可转债融资契约下企业的投入显著高于股权融资契约的情况;可转债融资契约下研究机构的投入都略高于政府补贴融资契约的情况,但不显著。

综上,关于企业的投入,满足假设 3。

结合(1)(2)部分的分析,有以下结论:①债务融资契约下产学研合作双方的投入大于政府补贴融资契约、股权融资契约和可转债融资契约的情况;②可转债融资契约下产学研合作双方的投入大于股权融资契约的情况。假设 3 得证。

表 4-14 研究机构投入水平配对样本 Wilcoxon 秩和检验

配 对	期望秩和	Prob> |z|	z
补贴—债务	39 100	0.000	−6.160 ***
债务—股权	38 295	0.000	11.172 ***
补贴—可转债	78 606	0.230	−1.201
债务—可转债	38 447.5	0.000	6.626 ***
股权—可转债	77 815	0.000	−6.571 ***

注:＊＊＊表示在1%的水平显著。

4.4.4 不同融资契约对产学研合作社会财富
影响的对比分析

由于数据不符合正态分布要求,我们将不同融资契约下变量的数据进行两两配对样本的非参数检验,以判别融资契约对社会财富的影响。采用 Wilcoxon 秩和检验方法判别任意两个融资契约下社会财富的差异及其显著性。

根据表 4-15 分经济状况配对检验结果,在好状态时,债务融资契约下产学研合作产生的社会财富在 1% 的水平显著大于补贴融资契约的情况;在坏状态时,补贴融资契约下产学研合作产生的社会财富在 10% 的水平显著大于债务融资契约的情况。假设 4 得证。

在好状态时,债务融资契约下产学研合作产生的社会财富在 1% 的水平显著大于股权融资契约的情况;在坏状态时,股权融资契约下产学研合作产生的社会财富在 1% 的水平显著大于债务融资契约的情况。假设 5 得证。

表 4-15 分状态社会财富配对样本 Wilcoxon 秩和检验

配 对	好			坏		
	期望秩和	Prob>｜z｜	z	期望秩和	Prob>｜z｜	z
补贴—债务	2 280	0.003	−2.981 ***	1 743	0.060	1.880 *
债务—股权	10 251.5	0.000	6.325 ***	7 965.5	0.004	−2.883 ***
补贴—可转债	21 80.5	0.077	−1.768 *	2 014.5	0.165	−1.388
债务—可转债	9 555	0.100	1.644	9 264	0.000	−3.791 ***
股权—可转债	9 360.5	0.000	−6.693 ***	7 965.5	0.027	−2.215 **

注:* 表示在 10% 的水平显著,** 表示在 5% 的水平显著;*** 表示在 1% 的水平显著。

由表 4-16 可见,无论经济状况好坏,可转债融资契约下产学研合作产生的社会财富均显著大于股权融资契约的情况,好状态时,在 1% 的水平显著;坏状态时,在 5% 的水平显著。

表 4-16　社会财富配对样本 Wilcoxon 秩和检验

配对	期望秩和	Prob> |z|	z
补贴—债务	39 303	0.262	−1.122
债务—股权	38 907.5	0.002	3.045 * * *
补贴—可转债	39 243	0.415	−0.815
债务—可转债	39 303	0.723	0.355
股权—可转债	38 907.5	0.000	−3.693 * * *

注:* * * 表示在 1%的水平显著。

4.4.5　转股期权的分析

在可转换债券融资契约下,投资者的转换选择权所导致的动态权益配置机制影响了产学研合作双方的策略行为,并进而导致了社会总福利的最优。模型分析结果表明,转换期权的执行与否与经济状况和双方的投入水平有关。

在本实验中,好的经济状况下,转股的概率达到 14%;坏的经济状况下,转股概率只有 6%。表明好的经济状况下,投资者转股的可能性更大,这正是假设 8 所述的内容。我们进一步通过 T 检验来对比他们的差异是否显著。

我们将转股选择的数据按照有好坏经济状况分为两组,经过 T 检验发现(见表 4-17),好经济状况下投资者选择转股的均值的确显著高于坏经济状况下的情况,该结果进一步支持了上文的分析。假设 6 得证。

表 4-17　转股选择权的 T 检验

变量	mean		t 值
	好经济状况	坏经济状况	
T	0.140	0.061	2.745 * * *

注:* * * 表示在 1%的水平显著。

4.5　本章小结

本章基于第 3 章融资契约对产学研合作控制权配置及合作研发效率影响理论模型的研究结果,通过实验室数据对模型结论进行检验,本章主要假设检验结果如表 4-18 所示。

本章实验研究结果总体支持了第 3 章模型所得出的结论,研究结果表明:①产学研合作双方的投入与其所分配的控制权比例正相关;②产学研合作双方的投入都可以提高社会财富;③在每种融资契约下,社会财富与控制权配置系数均呈倒"U"型关系,即存在一个最优的控制权配置方案是社会财富最大;④在其他条件一致时,几种融资契约对产学研合作双方投入的激励作用存在显著差异,债务融资契约下的投入显著高于其他契约的情况,可转债融资契约下的投入显著高于股权融资契约的情况;⑤在其他条件一致时,几种融资契约对产学研合作研发所产生社会财富的影响存在显著差异,在经济状况好的时候,债务融资契约下产学研合作研发的社会财富大于可转债融资契约、补贴融资契约和股权融资契约的情况,在经济状况坏的时候,可转债融资契约、补贴融资契约和股权融资契约下产学研合作研发的社会财富大于债务融资契约的情况;⑥在经济状况不确定的时候,可转债融资契约产学研合作产生的社会财富都大于股权融资契约的情况;⑦好状态时投资者选择转股的可能性大于坏状态的情况。

上述结论说明了在产学研合作实践中,应充分发挥金融工具尤其是内涵相机决策权的可转债融资契约的有效作用。总之,本章创新性的将实验研究方法引入到融资契约对产学研合作研发效率影响的研究中,通过在一个实验室环境下考虑不同融资契约对产学研合作双方之间控制权配置、投入决策乃至社会财富的影响,对第3章模型的主要结论进行了检验。

表 4-18 实际检验结果与假设预期

本章假设	预期结果	检验结果
假设1	产学研合作主体投入与控制权配置比例正相关	通过验证
假设2	社会财富与控制权配置系数呈倒"U"型关系	通过验证
假设3	债务融资契约下产学研合作双方的投入大于补贴、股权和可转债融资契约的情况;可转债融资契约下产学研合作双方的投入大于股权融资契约的情况	通过验证
假设4	在经济状况好的时候,债务融资契约下产学研合作研发的社会财富大于补贴和股权契约的情况;在经济状况坏的时候,补贴和股权融资契约下产学研合作研发的社会财富大于债务融资契约的情况	通过验证
假设5	在经济状况好的时候,债务融资契约下产学研合作研发的社会财富大于可转债融资契约的情况;在经济状况坏的时候,可转债融资契约下产学研合作研发的社会财富大于债务融资契约的情况	通过验证
假设6	在经济状况不确定的时候,可转债融资契约下产学研合作产生的社会财富都大于股权融资契约的情况	通过验证
假设7	好状态时投资者选择转股的可能性大于坏状态	通过验证

5 政府补贴和金融贷款对产学研合作研发效率的影响及比较分析

本书前 3 章以不完全契约理论为基础,构建产学研合作研发背景下融资契约类型对控制权配置及合作效率影响的数学模型,研究产学研合作的融资契约选择和控制权配置问题。第 4 章的实验室研究从内部效度方面对模型结论进行了检验。然而,理论模型的应用和推广还必须经过经验检验,从而进一步完善理论研究。本章在理论研究的基础上,通过收集 2001—2006 年“火炬计划”中有关补贴和贷款以及产学研合作的数据,对理论研究的部分结论进行经验检验,以补充实验室研究外部效度的不足。由于数据的限制,主要对比政府补贴和金融贷款对产学研合作研发效率的影响。另外,为了进一步说明金融工具市场化特征的优势,本章还对比了西安高新区“火炬计划”中企业产学研合作效率和创业板上市公司的产学研合作效率。

5.1 经验研究的框架

5.1.1 经验研究的思路

根据中国科技经费投入统计口径以及“火炬计划”的统计报表,企业研发投入的资金除了自有资金,主要来源于政府资金、金融贷款。关于自有资金、金融贷款和政府资金对于企业研发创新的影响,国内外学者已经进行大量的研究,但是这些都只是针对企业自身研发,而不涉及企业与别的个体合作研发的现象。虽然,国外已有学者开始针对合作项目进行研究,但他们采用的是 2000—2003 年西班牙的数据,而且仅仅描述性地发现政府喜欢通过补贴而不是债务的方式对产学研合作项目进行融资,并没有分析这两种方式对产学研合作研发有何影响。由于数据、样本的限制,以及研究问题的深入不够,国内目前并没有此类研究。因此,本章运用独特的数据研究政府补贴和债务对产学研合作研发效率的不同,具有重要的理论和现实意义。本章研究主要有两个目的:一是对比分析政府补贴融资契约与债务融资契约对企业在产学研合作研发上投入的影响;二是对比分析政府补贴融资契约与债务融资契约对产学研合作研发产出的影响。同时,分析投入和产出,可以为我们理解不同融资契约对产学研合作研发效率的影响提供更好的见解。

5.1.2　研究假设的提出

根据第3章的模型分析结论:在债务融资契约下,产学研合作投入更高;在好状态时,债务融资契约使得产学研合作效率更高;在坏状态时,政府补贴融资契约使得产学研合作效率更高。

下述对该结论中各部分的经济含义进行分析,并提出相应研究假设。

(1)在债务融资契约下,产学研合作投入更高。

金融机构贷款与政府资金不同,需要企业还本付息,对企业具有一定的资金压力。同时,由于研发活动的不确定性和市场信息的不对称性,金融机构向企业提供研发资金贷款时往往附加很多限制性条件以保证贷款的安全,这些限定条件使得企业不得不设置一个比自有资金更高的预期回报率。Grossman(1986)和 Hart(1988)就明确提出债务融资契约下的企业破产机制是驱使企业寻求价值创造的有效机制,如果企业不努力,公司破产可能性就会增加,因此负债能够促使企业努力工作,更多的追求企业价值创造。政府补贴是政府无偿提供的资金,不需要企业还本付息,对企业不造成资金压力。

假设1:与政府补贴融资契约相比,债务融资契约更能促进企业进行产学研合作研发的投入。

(2)不同融资契约对产学研合作效率的影响,在好状态时,债务融资契约使得产学研合作效率更高;在坏状态时,政府补贴融资契约使得产学研合作效率更高。

公共部门研发资源的配置会受到行政因素和一些特殊利益群体的影响。而且,风险资本家穷毕生精力,仍然有超过50%的投资中止,政府更不可能在事前对项目进行精确地评估。政府资金对企业不造成资金压力,而且企业在获得政府资金时都已经付出了诸如填申请表、提供数据等货币和非货币成本(Tuomas et al.,2010),认为这笔资金就应该任自己自由支配,企业会设置一个很低的预期回报率。一般来说,债务融资契约会使得投入产出效率较高。

在经济状况差的情况下,如经济萧条、企业信心降低、产出低,债务融资契约只会加重企业负担,加剧企业破产,而政府补贴融资契约则会提高企业信心,增加产出。

假设 2:在好状态时,在债务融资契约下产学研合作研发效率比在政府补贴融资契约下合作效率高;在坏状态时,在政府补贴融资契约下产学研合作研发效率比在债务融资契约下合作效率高。

5.2　经验设计

5.2.1　数据来源

本章所有数据来自西安高新技术产业开发区的"国家火炬计划统计报表"。此数据是导师组织研究团队走访西安高新技术产业开发区管委会历经一年多并通过相关社会关系获得的,后作为师门的数据库保留了下来。近几年的数据因西安高新技术产业开发区以商业机密为由不愿提供,故在第 5 节借助于创业板数据进行补充和比较。

"国家火炬计划统计报表"是我国为加强火炬计划管理,了解国内高新技术产业的发展状况而设计的统计报表制度,该报表由国内国家高新技术产业开发区(以下简称高新区)批准入区的工业产品生产、技术开发、技术服务型企业填写,报表内容包括:企业概况、经济概况、人员概况、主要产品概况、科技活动情况以及科技项目等内容。但是,由于报表中部分数据涉及企业商业机密,所以部分内容缺失。我们通过整理既有数据发现,所含内容仅有企业概况、经济概况、人员概况和科技活动情况。因为从 1998 年高新区的统计制度才相对完善,所以西安国家高新技术产业开发区火炬计划企业数据库涵盖了从 1998 年至今高新区各企业的年度数据。但是,作者仅获得了 1998—2006 年的数据资料,而且由于1998—2000 年关于企业科技活动的数据几乎没有,本章使用了 2001—2006 年的数据。

数据库中所统计的变量名称都是按字母顺序排列,而且出于数据保密的目的,所获数据几经删减,这就导致数据库中每年的统计变量不一致,所以对于变量的识别和对照非常耗时。另外,所收集的数据中,关于年份的统计格式不一致,有些是年份格式(如 2004 - 1 - 15),有些则是常规格式(2004)。而这无法通过直接操作进行统一,因为年份格式转换为常规格式后成为一个毫不相干的数字,所以我们手动进行了统一。总共有数据 15 423 条,将这些数据的时间进行统一也相当耗时。

关于科技活动的数据更是涉及企业商业机密,而且同门所做研究并不涉及科技创新这部分数据,所以样本中和本章研究相关的数据大量缺失。考虑到验证不同的假设用到的变量不同,我们根据相关变量进行数据筛选,以尽量保证样本量。具体样本观测值数见 5.2.3 部分的描述性统计。

5.2.2 变量设计

由 4.1.2 提出的假设来看,本章的因变量有企业产学研合作投入和研发产出;自变量有政府补贴和债务水平。根据数据的可获得性,并借鉴以往相关研究,本章具体变量选择和测度方法(见表 5-1)。

(1)因变量。

企业是否进行产学研合作投入(CO):若企业进行产学研合作,即产学研合作投入大于 0,则为 1;若企业没有进行产学研合作,即产学研合作投入等于 0,则为 0。

企业进行产学研合作的投入(IN):此变量在以往的经验研究中并没有涉及。根据所获得的数据,本章采用企业对国内研究院的支出和对高等院校支出金额之和作为企业进行产学研合作的投入。

研发产出(OUT):国外研究经常采用的研发产出指标包括获得的专利数和在学术期刊发表的文章数量。专利指标是企业技术创新实现的最直接的结果,经常被用来度量研发产出,尤其是在产业层面。专利可以被分为发明专利、实用新型专利和外观专利等(国内只有这 3 种),所以专利很可能是基于同样的资源由不同的部门所申请,这就导致专利指标具有产出重复测度的可能性。同时,专利具有一定的外部性,因此企业可能会为了保护商业秘密或因为专利申请和维持专利权的高昂成本而延迟或放弃申请专利。在研究类期刊公开发表文章的数量经常被用来测度科学研究的水平,但是主要用在高等院校研发产出的测度。国内学者经常同时采用专利申请量和新产品销售收入测度科学研究的水平。火炬计划的统计数据中,反映绩效的指标有工业总产值、总收入、专利申请数和发明专利数。但是,由于我们所得数据资料中,专利申请数和发明专利数绝大多数为 0,经剔除整理后,仅余不到 30 条,没有达到统计中大样本的要求,所以,我们只能采用工业总产值和总收入进行测度。事实上,选取这两个指标也有一定的合理性,因为火炬计划支持的基本都是高技术产业,所以当我们控制了是否高技术产业这一变量时,工业总产值(Gross)和总收入(Income)也应能反映研发产出。

（2）自变量。

政府补贴:本章以高技术产业获得的政府补贴数量(S)、是否获得政府补贴(WS),以及政府补贴所占研发经费总额的比重(SofT)3个变量研究政府补贴融资契约对产学研合作研发的影响。

债务水平:本章以高技术产业获得的金融贷款的数量(F)、是否获得金融贷款(WF)以及金融贷款所占研发经费总额的比重(FofT)3个变量分析债务融资契约对产学研合作研发的影响。

（3）控制变量。

已有文献的分析与现实推理表明,企业进行产学研合作的投入和研发产出不仅受政府补贴、债务水平的影响,还与企业自身的资源与能力等特点有关。因此,在经验分析中不能忽略企业层面因素的作用。本研究将企业层面的因素作为控制变量,这样不仅有助于分离企业与环境因素的影响,而且有助于增强经验模型的解释力与稳健性。

根据近期研究文献及现实推理,本章选择了以下企业层面因素作为控制变量。各控制变量的含义与度量方法如下:

企业规模(Size):企业规模会影响流动性约束,进而影响投资行为,从而可能在研发上面投入得越多,对研发项目的价值要求也越高,研发产出也越多。因此,大企业在创新方面可以比小企业做得更好。以往经验研究中企业规模可用总资产、企业人数及产品线的宽度来表示(Raff,2008)。从本研究来看,科技活动人员是更为恰当的指标,因为它更适合体现企业研发的规模,而对研发规模进行控制,更能准确揭示本章所要研究的问题。本章结合企业实际数据,以国家统计局企业规模划分标准作为参考,年从业人员平均人数大于2 000人的企业被划为大型企业,300～2 000人为中型企业,小于300人为小型企业。运用定序变量将企业规模进行编码:小型企业取Size＝1,中型企业取Size＝2,大型企业取Size＝3。

企业技术类型(Technology):此指标反映企业是否被认定为高技术产业,如果是高技术产业,则Technology＝1;如果不是,则Technology＝0。将此变量进行控制的原因是:如果被认定为高技术产业,则表明技术密集程度高,而技术密集程度高的企业会更为重视与高校或研究机构之间的技术交流。

行业(IND):各行业对研发的重视程度有较大差异。本章按照2002版国民经济行业代码的划分(GB/T 4754—2002),以两位数码作为分类标准,分别代表了从 20~80 的 8 个行业。根据国家统计局《高技术产业统计分类目录》关于高技术企业的分类以及中国产业发展数据中关于各行业平均资产规模的数据,本着以能够区分作为基本原则,将 8 个行业的特点区分如下:Industry2 代表SIC20-30 的木材及家具制造、纸制品、印刷、文化体育用品、化学制剂塑料制品等行业,本章将其作为技术含量不高,企业投资规模不大的行业代表;Industry3代表了 SIC30-40 的金属冶炼及金属制品生产、专业机械生产、铁路运输设备、汽车及航天器生产等行业,本章将其作为技术密集型、投资大的重工业行业的行业代表;Industry4 包含 SIC40-50 的通讯设备、电子仪表生产等行业,代表技术密集、投资规模适中的行业;Industry5 包含 SIC50-60 的仓储与运输等物流服务业,它代表了地方性的行业;Industry6 包含 SIC60-70 的电讯及计算机服务业、金融业,用来代表技术密集,投资规模小的行业;Industry7 包含 SIC70-80的中介、咨询服务、保险及科学研究行业,代表技术密集,但投资规模小的服务业;Industry8 包含 SIC80-90 的新闻出版、居民服务等公共服务领域的行业,这些行业代表了地方性的非盈利行业。本章选取 6 个哑量分别来表示 Industry2-8 这些行业,采用虚拟编码方法进行,即当案例属于与该效应变量代表的类别时,虚拟变量赋值=1;当案例不属于该效应变量代表类别时,虚拟变量赋值为 0。

企业性质(OWN):中国经济转型过程中,国有企业和非国有企业面临着不同的融资约束模式(王少飞 等,2009),而这种不同恰恰与政府补贴和金融贷款有着密切的关系。在我国经济转型背景下,国有企业一旦发生亏损,政府往往会追加投资、增加贷款、提供财政补贴,造成了国有企业的预算软约束。而且,我国为国有企业贷款很可能是政府的另一种补贴形式。所以研究政府补贴和金融贷款对产学研合作研发的影响,必须控制企业性质的影响。火炬计划数据以工商行政管理部门对企业登记注册的类型为依据,将企业登记注册类型分为内资、港澳台商投资及外商投资 3 种大的类型,本章根据研究需要将内资划分为国有和私营两种,将港澳台商投资与外商投资合并为外资一类。

年度(YEAR):本章还同时设计了从 2001—2006 年的时间虚拟变量,以反映企业研发活动的时机差异。

经济状况:2001—2006 年,我们把 2004 年作为经济状况差的情况,其余年份作为经济状况好的情况:①2004 年,中国股市极度低迷,投资者损失惨重;②2004 年,中央连出"紧缩"政策,昂然进军上游垄断行业的民营企业几乎全军覆没,而那些对宏观风险缺乏防范经验的企业也付出了惨重的代价。由图 5-1 也可以看出,2004 年企业研发投入降低,表明经济状况不是很好。

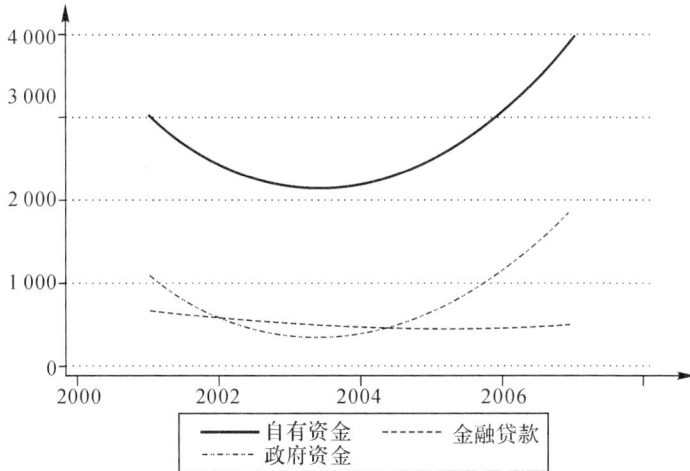

图 5-1 企业研发不同来源资金分布及趋势图①

表 5-1 变量定义

变量类型	变量名称	变量符号	变量定义
因变量	企业是否进行产学研合作投入	CO	若产学研合作投入大于 0,为 1;若产学研合作投入等于 0,则为 0
	企业进行产学研合作投入	IN	企业对高校和研究机构支出之和
	研发产出	Gross	工业总产值
		Income	总收入
自变量	政府补贴	S	政府补贴的数量
		WS	是否获得政府补贴? 获得为 1,否则为 0
		SofT	政府补贴的比重
	债务水平	F	金融贷款的数量
		WF	是否获得金融贷款? 是为 1,否为 0
		FofT	金融贷款的比重

① 数据来源于西安高新技术产业开发区的"国家火炬计划统计表"。2004 年国家调低 GDP 增长目标,遏制过热投资。

变量类型	变量名称	变量符号	变量定义
控制变量	企业规模	Size	年从业人员平均人数大于 2 000 人的被划为大型企业，300～2 000 人为中型企业，小于 300 人为小型企业。运用定序变量将企业规模进行编码：小型企业取 Size＝1，中等企业规模 Size＝2，大型企业 Size＝3
	企业技术类型	Technology	若是高技术产业，则为 1；若不是，则为 0
	企业性质	OWN	按企业登记类型，划分为国有（0）、私营（1）、外资（2）三种
	行业	IND	行业虚拟变量，如果为该行业取值 1，否则为 0
	年度	YEAR	年度虚拟变量，如果为该年度取值 1，否则为 0

5.2.3　描述性统计分析

本章研究变量的描述性统计分析数据见表 5-2。从表中可以看出，企业通过产学研合作进行研发的很少，平均只有 3.1％的企业与高校或研究机构进行了合作，表明我国企业产学研合作意识还很薄弱。获得政府补贴的企业仅占总体的 3.3％，而获得政府补贴的企业政府补贴资金占经费总额 35.2％；仅有 1％的企业获得了贷款，而获得贷款的企业贷款占经费总额 49.6％。可见，政府补贴和贷款都只有极少数企业能获得。

表 5-2　描述性统计分析数据

变量名称	变量符号	观测数量	均值	标准差	最小值	最大值
企业是否进行产学研合作投入	CO	15 423	0.031	0.422	0	1
企业产学研合作投入	Log(IN)	382	4.741	1.971	0	11.875
工业总产值	Log(Gross)	7 177	7.919	2.268	0	16.554
总收入	Log(Income)	12 707	7.455	2.429	0	16.546

续　表

变量名称	变量符号	观测数量	均值	标准差	最小值	最大值
是否获得政府补贴	WS	15 423	0.033	0.179	0	1
政府补贴金额	Log(S)	513	5.944	1.752	0	13.056
政府补贴占经费总额比重	SofT	513	0.352	0.306	0.001	1
是否获得贷款	WF	15 423	0.010	0.101	0	1
贷款金额	Log(F)	159	7.544	1.722	2.996	12.237
贷款占经费总额比重	FofT	159	0.496	0.261	0.01	1
企业规模	Size	15 423	1.005	0.076	1	3
企业技术类型	Technology	15 423	0.341	0.474	0	1
企业性质	OWN	15 418	0.274	0.599	0	2

从企业规模来看,高新区的企业规模都不大,中小企业占绝大多数,并且,规模差别也不大,公司规模取对数后的标准差仅为 0.076。这也为获得贷款的企业极少提供了一个解释。从企业技术类型来看,其平均值为 0.341,表明高技术企业占了大约 34.1%。从企业性质来看,国有和私营企业占绝大多数,外资企业较少。

5.3　经验模型构建

5.3.1　产学研合作投入分析的模型

我们首先以企业是否与高校和研究机构合作(CO)作为因变量,是否有政府补贴(WS)和金融贷款(WF)等为自变量,构建计量模型,分析政府补贴和金融

贷款是否会影响产学研合作,其基本的回归模型为

$$CO = \beta_0 + \beta_1 WS + \beta_2 WF + \beta_3 Technology + \beta_4 Size$$
$$+ \beta_5 OWN + \beta_6 IND + \beta_7 YEAR + \xi \qquad (5-1)$$

在确定了政府补贴和金融贷款会影响产学研合作后,我们进一步对比分析政府补贴和金融贷款对企业进行产学研合作支出水平[log(IN)]的影响。分别以是否获得政府补贴(WS)和是否获得金融贷款(WF),政府补贴[log(S)]和金融贷款[log(F)]绝对量以及相对量(SofT,FofT)为自变量构建计量模型,分析政府补贴和金融贷款对产学研合作投入的影响,其基本的回归模型为

$$\log(IN) = \beta_0 + \beta_1 WS + \beta_2 WF + \beta_3 Technology + \beta_4 Size$$
$$+ \beta_5 OWN + \beta_6 IND + \beta_7 YEAR + \xi \qquad (5-2)$$

$$\log(IN) = \beta_0 + \beta_1 \log(S) + \beta_2 \log(F) + \beta_3 Technology + \beta_4 Size$$
$$+ \beta_5 OWN + \beta_6 IND + \beta_7 YEAR + \xi \qquad (5-3)$$

$$\log(IN) = \beta_0 + \beta_1 SofT + \beta_2 FofT + \beta_3 Technology + \beta_4 Size$$
$$+ \beta_5 OWN + \beta_6 IND + \beta_7 YEAR + \xi \qquad (5-4)$$

5.3.2 产出分析的模型

根据前文的分析,我们分别以工业总产值[log(Gross)]、总收入[log(Income)]作为因变量,分别以政府补贴[log(S)]和金融贷款[log(F)]的绝对量以及是否有政府补贴(WS)和金融贷款(WF)等为自变量构建计量模型,其基本的回归模型为

$$\log(Gross) = \beta_0 + \beta_1 \log(S) + \beta_2 \log(F) + \beta_3 Technology + \beta_4 Size$$
$$+ \beta_5 OWN + \beta_6 CO + \beta_7 IND + \beta_8 YEAR + \xi$$
$$(5-5)$$

$$\log(Gross) = \beta_0 + \beta_1 WS + \beta_2 WF + \beta_3 Technology + \beta_4 Size$$
$$+ \beta_5 OWN + \beta_6 CO + \beta_7 IND + \beta_8 YEAR + \xi \qquad (5-6)$$

$$\log(Income) = \beta_0 + \beta_1 \log(S) + \beta_2 \log(F) + \beta_3 Technology + \beta_4 Size$$
$$+ \beta_5 OWN + \beta_6 CO + \beta_7 IND + \beta_8 YEAR + \xi$$
$$(5-7)$$

$$\log(Income) = \beta_0 + \beta_1 WS + \beta_2 WF + \beta_3 Technology + \beta_4 Size$$
$$+ \beta_5 OWN + \beta_6 CO + \beta_7 IND + \beta_8 YEAR + \xi$$
$$(5-8)$$

5.4 结果分析

本章以西安高新技术产业开发区火炬计划 2001 - 2006 年的数据进行研究，为了保证结果的准确性和客观性以及尽可能地充分利用样本，我们将数据按照分析问题的侧重点不同，分别进行了不同的样本筛选。

第一部分是关于融资契约与企业进行产学研合作投入的关系。对于政府补贴和金融贷款是否会影响产学研合作，数据不作筛选；对于政府补贴和金融贷款对产学研合作投入的影响的分析，我们剔除掉没有产学研合作（CO＝0）的数据，剩余 382 条。

第二部分是关于融资契约与工业总产值的关系，按以下原则进行样本筛选：①剔除掉工业总产值为 0 的数据，剩余 7 177 条数据；②剔除掉 Gross＞5 000 000 及 Gross＜500 的数据，剩余 6 576 条。

第三部分是关于融资契约与总收入的关系，剔除掉总收入为 0、小于 0 或缺失的数据，剩余 12 707 条数据。

我们分别针对每部分数据，进行描述性统计。

5.4.1 分样本变量描述性统计

融资契约与企业进行产学研合作投入的描述性统计分析数据见表 5 - 3。

表 5 - 3 有产学研合作的样本的描述性统计分析数据

变量名称	变量符号	观测数量	平均值	标准差	最小值	最大值
企业进行产学研合作投入	Log(IN)	382	4.741	1.971	0	11.875
政府补贴	Log(S)	382	1.755	3.042	0	12.758
是否获得政府补贴	WS	382	0.272	0 446	0	1
政府补贴占经费比重	SofT	363	0.095	0.212	0	1
债务水平	Log(F)	382	0.737	2.333	0	10.826
是否获得金融贷款	WF	382	0.094	0.293	0	1

变量名称	变量符号	观测数量	平均值	标准差	最小值	最大值
金融贷款占经费比重	FofT	363	0.056	0.189	0	1
是否高技术产业	Technology	382	0.796	0.404	0	1
研发规模	Size	382	1.071	0.276	1	3
企业性质	OWN	382	0.275	0.619	0	2

由表 5-3 与表 5-2 对比可以看出,获得政府补贴(0.272)、金融贷款(0.094)的企业都比较多,这就表明政府补贴、金融贷款都与产学研合作相关,有产学研合作的企业获得了较多的补贴和金融贷款。政府补贴的平均值为 1.755,债务的平均值为 0.737,表明高新区企业市场化程度还比较低。同时,我们对比发现,高技术企业的比重也由表 5-2 的 0.341 变为 0.796,表明高技术企业更可能与高校、科研院所合作。

融资契约与工业总产值的描述性统计分析数据见表 5-4。由表 5-4 和表 5-2 对比可见,工业总产值的均值变大,标准差变小。

表 5-4　500≤工业总产值(Gross)≤50 000 的样本的描述性统计分析数据

变量名称	变量符号	观测数量	平均值	标准差	最小值	最大值
工业总产值	Log(Gross)	6 576	8.252	1.933	4.605	15.336
政府补贴	Log(S)	6 576	0.385	1.545	0	13.056
是否获得政府补贴	WS	6 576	0.063	0.243	0	1
政府补贴占经费比重	SofT	1 949	0.073	0.198	0	1
债务水平	Log(F)	6 576	0.167	1.140	0	11.513
是否获得金融贷款	WF	6 576	0.022	0.147	0	1
贷款占经费比重	FofT	1 949	0.036	0.145	0	1

续　表

变量名称	变量符号	观测数量	平均值	标准差	最小值	最大值
是否高技术产业	Technology	6 576	0.597	0.491	0	1
研发规模	Size	6 576	1.012	0.113	1	3
企业性质	OWN	6 576	0.314	0.664	0	2

剔除掉总收入 0,小于 0 或缺失数据的样本的描述性统计分析如表 5-5 所示。

表 5-5　剔除掉总收入为 0,小于 0 或缺失数据的样本的描述性统计分析数据

变量名称	变量符号	观测数据	平均值	标准差	最小值	最大值
总收入	Log(Income)	12 707	7.455	2.429	0	16.546
政府补贴	Log(S)	468	6.001	1.767	0	13.056
是否获得政府补贴	WS	12 707	0.037	0.188	0	1
政府补贴占经费比重	SofT	2275	0.071	0.197	0	1
债务水平	Log(F)	154	7.503	1.666	2.996	11.513
是否获得金融贷款	WF	12 707	0.012	0.109	0	1
金融贷款占经费比重	FofT	2 275	0.033	0.140	0	1
是否高技术产业	Technology	12 707	0.393	0.488	0	1
研发规模	Size	12 707	1.006	0.084	1	3
企业性质	OWN	12 707	0.267	0.593	0	2

5.4.2　变量间相关性分析

对于多变量的回归模型而言,自变量间的多重共线性是需要重点考虑的因素之一。因此,在回归之前,我们计算了主要变量之间的相关系数,具体如表 5-6 所示。从表中可以看出,本章主要自变量 WS,Log(S),SofT,WF,Log(F),FofT 以及控制变量 Technology,Size,OWN 之间的相关系数大都比较小,说明这些变量在同一个模型中并不造成多重共线性问题。虽然 WS 与 SofT 的相关系数以及 WF 和 FofT 的相关系数比较大，分别为 0.715 和 0.879，但是，在我们的模型中，并不会把 WS 与 SofT 放在同一模型中，也不会把 WF 和 FofT 放在同一模型中。

表 5 - 6　pairwise 相关性检验

	WS	Log(S)	SofT	WF	Log(F)	FofT	Technology	Size	OWN
WS	1	0.000 *	0.715 *	0.203 *	0.095	0.086 *	0.167 *	0.187 *	−0.029 *
Log(S)		1	0.258 *	0.064	0.611 *	0.034	0.062	0.535 *	−0.093 *
SofT			1	−0.018	−0.006	−0.032	0.021	0.124 *	−0.082 *
WF				1	0.000 *	0.879 *	0.122 *	0.136 *	−0.003
Log(F)					1	0.300 *	0.016	0.430 *	−0.010
FofT						1	0.086 *	0.088 *	−0.006
Technology							1	0.068 *	0.001
Size								1	−0.023 *
OWN									1

注：* 表示在 10% 的水平显著。

5.4.3　回归分析

（1）产学研合作投入的分析。

根据上述分析，我们首先采用 Logistic 回归对政府补贴、金融贷款与是否进行产学研合作之间的关系进行分析。由表 5 - 7 可见，WS 和 WF 的回归系数均显著为正，表明政府补贴和金融贷款都对企业进行产学研合作有着正向影响，即企业获得政府补贴或金融贷款，会增加与高校或研究机构合作的可能性。

表 5 - 7　政府补贴、金融贷款与是否进行产学研合作的关系（Logistic 回归）

CO	系　数	Z 值
WS	0.852	8.95 * * *
WF	0.389	2.25 * *
样本数	15 423	
对数似然值 = − 8 309.411 8		

注：* 表示在 10% 的水平显著，* * 表示在 5% 的水平显著，* * * 表示在 1% 的水平显著。

我们再进一步分析政府补贴和金融贷款对产学研合作投入的影响。由图

5－1可知,2004年是研发投入的低谷,所以根据研究问题需要,我们将2004年作为研发面临坏状态的情况,其余年限作为研发面临好状态的情况,然后进行对比分析。

面板数据的分析方法一般有混合最小二乘法(Pooled OLS)、固定效应和随机效应3种。我们通过多种检验来确定各部分最适合采用的估计方法。我们通过 xttest0 检验发现,p＝0.355,接受了随机效应为0的假设。考虑到样本量比较小,尤其是涉及坏状态的分析只有2004年的数据,所以本研究采用混合最小二乘法,对好状态和坏状态分别用3种模型进行分析,其结果见表5－8。

表 5－8　企业进行产学研合作的投入与政府补贴、金融贷款的关系

W	好状态(2001—2003;2005－2006)			坏状态(2004)		
	模型1	模型2	模型3	模型1	模型2	模型3
Cons	3.456＊＊＊ (5.08)	3.469＊＊＊ (5.26)	3.491＊＊＊ (4.71)	3.520＊＊＊ (5.81)	3.741＊＊＊ (4.20)	4.879＊＊＊ (5.17)
WS	1.019＊＊＊ (4.36)			1.390＊＊＊ (3.09)		
Log(S)		0.201＊＊＊ (5.83)			0.274＊＊＊ (4.14)	
SofT			1.681＊＊＊ (3.18)			2.149＊＊＊ (2.50)
WF	1.061＊＊＊ (3.09)			1.322 (1.56)		
Log(F)		0.151＊＊＊ (3.51)			0.125 (1.33)	
FofT			1.559＊＊＊ (2.81)			2.450＊ (1.97
Technology	0.487＊ (1.96)	0.490＊＊ (1.96)	0.651＊＊ (2.36)	0.714 (1.16)	0.700 (1.21)	0.759 (0.254)
SIZE	已控制	已控制	已控制	已控制	已控制	已控制
OWN	已控制	已控制	已控制	已控制	已控制	已控制
IND	已控制	已控制	已控制	已控制	已控制	已控制
YEAR	已控制	已控制	已控制	已控制	已控制	已控制

续　表

W	好状态(2001—2003;2005—2006)			坏状态(2004)		
	模型 1	模型 2	模型 3	模型 1	模型 2	模型 3
obs	313	313	313	69	69	69
Adj R2	0.221	0.261	0.209	0.217	0.290	0.168

注：＊表示在10％的水平显著，＊＊表示在5％的水平显著；＊＊＊表示在1％的水平显著,括号内是 t 统计值。

由表5-8可见,在好状态时,WS的系数为1.025,WF的系数为1.050,二者均在1％的水平显著,进一步验证了政府补贴和金融贷款对企业进行产学研合作投入有着正向影响。同时,WF的系数大于WS的系数,一定程度上表明,在好状态时,债务融资契约比补贴更有助于企业在产学研合作中的投入。但是,模型2和模型3中,WS的系数都大于WF。经检验,这种差异并不显著。在坏状态时,关于补贴的系数都显著为正[WS、Log(S)、SofT],而关于债的系数[WF、Log(F)、FofT]则都不显著。表明在坏状态时,政府补贴更有利于企业进行产学研合作投入。这一结论与假设1不符,可能的原因是,我国科技园区的企业在进行贷款时都获得了一定的贴息,降低了企业还本付息的压力,从而减弱了债务融资契约的激励约束效应。

从控制变量上来看,Technology的系数在好状态时均显著为正,在坏状态时为正但不显著。这表明,高技术企业会进行更多的产学研合作投入,尤其是经济状况好的情况下。

我们接下来分析,政府补贴和金融贷款对研发产出的影响。

(2)研发产出的分析。

由上述结论表明,政府补贴会使得企业进行更多的产学研合作投入,本部分进一步对比分析政府补贴和金融贷款对研发产出的影响。我们分别报告工业总产值和总收入两个因变量在好状态和坏状态下的结果。

由表5-9,在好状态时,模型1和模型2中,关于政府补贴的变量[WS,Log(S)]以及关于债务的变量[WF,Log(F)]系数均显著为正,表明政府补贴和金融贷款都对工业总产值有显著正向的影响。但是在模型3中,SofT的系数为负,虽然不显著,但也在一定程度上说明政府补贴在经费总额中所占的份额有点过高,对工业总产值产生了负向作用。同时,我们可以发现,关于金融贷款的变量[WF,Log(F),FofT]系数均显著为正,并且大于政府补贴的系数,表明在好状态时金融贷款比政府补贴更有利于促进工业总产值。而从前面分析可知,关于政府补贴变量的均值均大于关于金融贷款变量的均值。在坏状态时,在模型

1 和模型 2 中关于政府补贴的变量[WS,Log(S)]系数均显著为正,而债的变量系数则都不显著。表明在坏状态时,政府补贴比金融贷款更有利于促进工业总产值。因此,如果用工业总产值表示研发产出,假设 2 得证。

表 5 - 9 工业总产值与融资方式的关系

W	好状态(2001 - 2003;2005 - 2006)			坏状态(2004)		
	模型 1	模型 2	模型 3	模型 1	模型 2	模型 3
Cons	7.542 * * * (137.55)	7.537 * * * (137.81)	7.392 * * * (56.16)	6.875 * * * (74.13)	6.875 * * * (74.21)	6.702 * * * (25.94)
WS	0.534 * * * (5.43)			0.551 * * * (2.58)		
Log(S)		0.108 * * * (6.86)			0.099 * * * (2.77)	
SofT			−0.376 (−1.60)			−0.042 (−0.09)
WF	0.820 * * * (5.24)			0.830 (1.92)		
Log(F)		0.121 * * * (5.99)			0.103 (1.80)	
FofT			1.214 * * * (3.97)			1.120 (1.38)
Technology	1.316 * * * (27.77)	1.307 * * * (27.67)	1.933 * * * (17.40)	1.670 * * * (15.40)	1.669 * * * (15.41)	2.141 * * * (7.82)
Size	已控制	已控制	已控制	已控制	已控制	已控制
OWN	已控制	已控制	已控制	已控制	已控制	已控制
IND	已控制	已控制	已控制	已控制	已控制	已控制
YEAR	已控制	已控制	已控制	已控制	已控制	已控制
obs	5 599	5 599	1 667	977	977	282
Adj R2	0.215	0.220	0.282	0.327	0.327	0.42

注:* * * 表示在 1%的水平显著,括号内是 t 统计值。

从控制变量 Technology 来看,其系数均显著为正,表明无论经济状况好坏,高技术企业的工业总产值总是比非高技术企业高。

我们再以总收入作为研发产出变量进行分析。由于坏状态时,进入模型2的观测值只有7个,不符合大样本要求,所以我们对此结果不予报告。

由表5－10,当状态为好时,关于金融贷款的变量[WF,Log(F),FofT]系数均显著为正,而关于政府补贴的变量只有WS的系数显著为正(0.511),且小于WF的系数(0.931)。表明在好状态时,金融贷款比政府补贴更有利于促进总收入。当状态为坏时,WS的系数为0.573,且在5%的水平显著;WF的系数为0.222,不显著。在模型3中,SofT和FofT的系数都不显著。表明在坏状态时,政府补贴比金融贷款更有利于促进总收入。因此,如果用总收入表示研发产出,假设2得证。

表5－10　总收入与融资方式的关系

W	好状态(2001－2003;2005－2006)			坏状态(2004)	
	模型1	模型2	模型3	模型1	模型3
Cons	14.328＊＊＊ (14.26)	2.769 (0.85)	14.219＊＊＊ (14.61)	7.173＊＊＊ (40.34)	11.918＊＊＊ (17.75)
WS	0.511＊＊＊ (4.29)			0.573＊＊ (2.08)	
Log(S)		0.118 (0.57)			
SofT			−0.479 (−1.90)		−0.389 (−0.81)
WF	0.931＊＊＊ (4.71)			0.222 (0.41)	
Log(F)		0.892＊＊＊ (3.97)			
FofT			0.912＊＊＊ (2.70)		0.059 (0.07)
Technology	1.523＊＊＊ (33.59)	1.123 (0.83)	2.323＊＊＊ (21.15)	1.868＊＊＊ (19.16)	2.672＊＊＊ (9.63)
Size	已控制	已控制	已控制	已控制	已控制
OWN	已控制	已控制	已控制	已控制	已控制
IND	已控制	已控制	已控制	已控制	已控制

续　表

W	好状态(2001-2003;2005-2006)			坏状态(2004)	
	模型1	模型2	模型3	模型1	模型3
YEAR	已控制	已控制	已控制	已控制	已控制
obs	10 700	53	1 952	2 007	323
Adj R2	0.162	0.476	0.290	0.222	0.399

注:＊＊表示在5%的水平显著,＊＊＊表示在1%的水平显著;括号内是 t 统计值。

从控制变量 Technology 来看,其系数均显著为正,表明无论经济状况好坏,高技术企业的总收入总是显著高于非高技术企业。

5.5　上市与非上市企业产学研合作研发效率对比分析

为了进一步说明金融工具市场化特征的优势,本章对比了西安高新区火炬计划中企业产学研合作效率和创业板上市公司的产学研合作效率。如果创业板上市公司产学研合作研发效率较高,那么表明金融工具对产学研合作有较好的促进作用。这样做的合理之处在于上市公司会更多地通过债务、股票、可转债等市场金融工具进行融资。

5.5.1　数据来源及变量设计

(1)数据来源。

火炬计划产学研合作的数据即前文所述 2001—2006 年有产学研合作的382 条数据,经剔除总收入缺失的数据后共有 304 条。上市公司的产学研合作数据是以创业板的 356 家公司为对象,通过手工查阅这些公司的年报来获悉其是否进行产学研合作并获得有产学研合作企业的研发投入和总收入数据。其中,是否进行产学研合作和研发投入是基于年报中董事会报告;总收入来自会计数据和财务指标摘要。最后获得了 81 家企业 2010—2012 年的 243 条数据。

(2)变量设计。

产学研合作研发效率是本部分的一个主要变量。由于数据条件限制,我们只能用有产学研合作企业的研发效率进行替代。研发效率用总收入与单位研发投入的比值进行测量,即总收入/单位研发投入。

5.5.2 有产学研合作的上市与非上市企业研发效率对比

由于两个样本的年度期间不同,那么在对比研发效率的时候就必须考虑到经济形势的影响。我们用 GDP 增速来衡量经济形势。

两个样本的年份分布以及各年的 GDP 增速如表 5-11 所示。可见,火炬计划 2001—2006 年的样本很不平衡,2001 年只有 4 家企业观测值,2006 年最多有 75 个观测值。每年的 GDP 增速差异也比较大,2012 年最低为 7.8,2006 年最高为 12.7。

考虑到 2001—2006 年期间和 2010—2012 年期间经济形势的差异,我们以 GDP 增速对研发效率进行调节。

首先计算 2001—2006 年的权重 GDP。2001—2006 年的观测数量和为 $4+54+45+59+67+75=304$。那么,2001—2006 的权重 GDP 计算公式为

$$权重 \quad GDP = \frac{4}{304} \times 8.3 + \frac{54}{304} \times 9.1 + \frac{65}{304} \times 10 + \frac{59}{304} \times 10.1 + \frac{67}{304} \times 11.3$$

$$+ \frac{75}{304} * 12.7 = 10.790 \quad 2010—2012 的权重 GDP = \frac{10.3 + 9.2 + 7.8}{3}$$

$$= 9.1。$$

经计算,有产学研合作的火炬计划企业 2001—2006 年单位研发投入的总收入平均值为 1.314,有产学研合作的创业板上市公司 2010—2012 年单位研发投入的总收入平均值为 1.186。考虑到经济形势的差异,以 GDP 增速进行调节,那么有产学研合作的创业板上市公司 2010—2012 年单位研发投入的总收入平均值调整值为 $1.186 * \frac{10.790}{9.1} = 1.400$。

显然 $1.400 > 1.314$,那么创业板上市公司的产学研合作研发效率高于非上市的火炬计划企业的产学研合作研发效率。

表 5-11 描述性统计

变量名称	观测数量	GDP 增速
2001 年	4	8.3
2002 年	54	9.1
2003 年	65	10
2004 年	59	10.1
2005 年	67	11.3
2006 年	75	12.7

续　表

变量名称	观测数量	GDP 增速
2010 年	81	10.3
2011 年	81	9.2
2012 年	81	7.8

我们进一步通过 T 检验,对比二者的效率。

由表 5-12 可见,在经济形势类似的情况下,创业板上市公司产学研合作研发效率在 1% 的水平显著高于非上市的火炬计划企业产学研合作研发效率。这就意味着,具有市场特性的金融工具对产学研合作效率有较好的促进作用。

表 5-12　调整后产学研合作研发效率的 T 检验

变　量	mean		t 值
	创业板上市公司	火炬计划企业	
T	1.407	1.345	2.716＊＊＊

注:＊＊＊表示在 1% 的水平显著。

5.6　本 章 小 结

本章中,收集整理了西安高新技术产业开发区"国家火炬计划统计报表"统计的 2001—2006 年间的数据,对政府补贴和金融贷款对产学研合作研发效率进行了分析,得出了以下主要的结论。描述性结果表明,企业通过产学研合作进行研发的很少,我国企业产学研合作意识还很薄弱。获得政府补贴的企业很少,获得贷款的企业更少。

Logistic 回归结果表明政府补贴和金融贷款都对企业进行产学研合作有着正向影响,即企业获得政府补贴或金融贷款,会增加与高校或研究机构合作的可能性。混合最小二乘法回归结果进一步验证了政府补贴和金融贷款对企业进行产学研合作有着正向影响。

企业产学研合作投入与政府补贴和债务的回归结果在一定程度上表明:在好状态时,债务融资契约比政府补贴更有助于企业在产学研合作中的投入;在坏状态时,政府补贴更有利于企业进行产学研合作投入。这一结论与假设 1 不符,对此我们给出的可能解释是,我国科技园区的企业在进行贷款时都获得了一定的贴息,降低了企业还本付息的压力,从而减弱了债务融资契约的激励约束效应。

金融贷款与政府补贴对产出影响的回归结果表明：在好状态时金融贷款比政府补贴更有利于促进工业总产值和总收入；在坏状态时，政府补贴比金融贷款更有利于促进工业总产值和总收入。假设2得证。

为了保证研究结论的稳健性，本章对比了西安高新技术产业开发区火炬计划中企业产学研合作效率和创业板上市公司的产学研合作效率，发现创业板上市公司的产学研合作效率高于非上市的火炬计划企业产学研合作研发效率，表明市场化的金融工具对产学研合作研发效率有较好的促进作用。

6 研究结论和政策建议

    企业创新对于中国调整经济结构、实施创新驱动战略具有重要意义。在实践中,融资约束仍是抑制企业创新的重要因素。同时,由于技术日新月异的进步和消费者需求的迅速多变,使得企业难以取得资源和技术的完全优势,企业开始更多地从外部寻求技术能力,开放式的合作创新成为企业创新的重要驱动力。但是,合作创新中诸如搭便车、敲竹杠等谋求单边利益的机会主义行为层出不穷,严重影响协同创新效率。虽然,双方资源较强的互补性可以在一定程度上减少道德风险,但是合作双方各种潜在的利益冲突总是存在。另外,由于研发活动投入产出、沉没成本不确定性程度高,成功率低,研发产出溢出等原因,作为研发主体的企业可能根本不愿意进行研发。即使企业愿意研发,由于逆向选择问题的存在,可能也不容易获得拥有补偿性资产的合作伙伴;而且组织参与技术合作不可避免地会受到诸如协调、管理及控制等方面的一些障碍。因此,企业合作创新还需要政府通过一些机制(如提供补贴)来促进合作。然而,在我国政府主导的转型经济背景下,政府资助使得模仿有余、创新不足,并且由于腐败的存在,影响到创新资本的配置和合作创新的效率。因此,在我国资本市场日益完善的趋势下,本书主要回答四方面的问题:①不同融资方式对企业创新具有什么样的影响? ②如何合理安排企业合作创新的控制权结构以解决合作双方的利益冲突? ③ 在我国政府债台高筑和深化政府放权改革的背景下,如何提高政府财政补贴在促进企业合作创新方面的效率、转变政府行政资助下我国企业被动式创新的状况? ④在政府资助的被动创新模式逐步向市场驱动的主动创新转变以及市场融资契约逐渐多样化的过程中,企业合作创新又该如何选择合适的融资契约?

    考虑到融资契约的选择不仅反映了企业的资金成本和融资风险,还会影响利益的分配(即控制权的配置),本研究在不完全契约理论框架下,科学利用数理模型、实证、实验方法,将融资契约选择与控制权配置问题相结合,系统深入分析融资契约(政府补贴、债务、股权和可转债)、控制权配置对企业创新及合作创新的影响,揭示上述问题的答案。

6.1 主要工作总结

6.1.1 主要工作及结论

本书深入分析了我国企业创新以及合作创新的背景,以不完全契约理论作为理论切入点,首先分析债务融资和股权融资对企业创新的影响,进而从不同融资契约下最优的控制权配置及不同融资契约下产学研合作效率两个角度展开研究,主要工作和结论概括如下:

(1)针对研究问题,对国内外相关理论文献进行了综述:①综述了融资契约对企业创新影响的相关研究;②梳理了不完全契约分析框架下组织间控制权配置研究的进展;③分析了关于融资契约与控制权配置关系的研究成果;④综述了不同融资契约对研发效率影响的相关研究;⑤归纳了目前涉及项目融资的合作研发研究。通过重新梳理和系统归纳不完全契约框架下企业创新及合作研发的研究脉络、研究方法和研究成果,初步描绘出了已有研究的大体框架和本研究的理论基础与研究起点。本书认为,融资契约与企业创新的研究大都仅关注了创新投入这一方面,而忽视了创新产出。陈岩等的研究(2016)是为数不多的同时关注创新投入和产出的研究,但仅探讨了国有企业中债务融资对创新的影响,没有将其与股权融资进行比较;以 Tirole 为代表的专家对合作研发中控制权配置问题进行的理论研究,要么是纵向合作(买方和卖方),要么是水平同质合作(两个企业或两个研究机构),都没有分析水平异质个体间的合作(产学研合作);而且,之前的研究都是单独讨论控制权配置问题,没有与融资契约结合起来。有关融资契约与控制权配置关系的研究集中在对债务和股票融资契约不完全特性的分析上,而忽略了可转债这种内含事后转股决策权的不完全融资契约;并且控制权的配置只关乎投资者和融资者两方,没有涉及第三方。关于不同融资契约对研发效率的影响研究,则基本都是通过经验研究方法分析债和股票对于企业独自研发的影响,没有涉及采用不同金融工具投资合作项目的问题。涉及项目融资的合作研发相关研究,大都是分析政府补贴对于合作研发投入和产出的影响,既没有涉及其他融资工具,也没有在不完全契约框架下分析控制权配置的影响。本研究认为,将不完全的融资契约与控制权配置纳入到一个框架下分析融资契约对控制权配置乃至产学研合作效率的影响具有重要的意义。

(2)实证对比研究了债务和股权融资对研发投入和创新产出的影响,发现债务融资会抑制企业研发投入,股权融资则促进研发投入;债务、股权融资皆可以促进企业创新产出,但债务融资的促进作用更显著;债务融资在研发投入与企业创新产出的关系中起到正向调节作用,而股权融资在研发投入与企业创新产出的关系中起到负向调节作用。

(3)结合我国产学研合作实际背景,对 Brocas(2004)关于政府投资合作研发项目的模型进行拓展和修正,并借鉴 Socorro(2007)和 Hauswald 关于控制权分析的思想,构建了融资契约对产学研合作控制权配置及合作效率影响的模型。该模型将融资契约与合作契约纳入到一个框架下,分析了政府补贴、债务、股权、可转债四种融资契约下最优的控制权配置以及产学研合作双方的最优投入,然后对比分析了四种融资契约下所取得的社会财富。模型分析结果表明:产学研合作双方的投入与控制权配置呈正相关关系;在企业为主体的产学研合作研发中,不同的融资契约下最优的控制权配置方案不同;在不同的经济状况下,应选择不同的融资契约;如果经济状况不确定的情况下,选择内嵌转股期权的可转债融资契约是最优的。

(4)对应于第 3 章的模型,第 4 章设计了在补贴融资契约、债务融资契约、股权融资契约和可转债融资契约 4 种融资契约下产学研合作研发的实验,对第 3 章的理论推导结果进行验证。通过实验研究发现:产学研合作双方的投入与其所分配的控制权比例正相关;产学研合作双方的投入都可以提高社会财富;在每种融资契约下,社会财富与控制权配置系数均呈倒"U"型关系,即存在一个最优的控制权配置方案是的社会财富最大;在其他条件一致时,几种融资契约对产学研合作双方投入的激励作用存在显著差异,债务融资契约下的投入显著高于其他融资契约的情况,可转债融资契约下的投入显著高于股权融资契约的情况;在其他条件一致时,几种融资契约对产学研合作研发所产生社会财富的影响存在显著差异,在经济状况好的时候,债务融资契约下产学研合作研发的社会财富大于可转债、补贴和股权融资契约的情况;在经济状况坏的时候,可转债、补贴和股权融资契约下产学研合作研发的社会财富大于债务融资契约的情况;在经济状况不确定的时候,可转债融资契约产学研合作产生的社会财富都大于股权契约的情况;好状态时投资者选择转股的可能性大于坏状态的情况。

(5)考虑到模型研究和实验室实验研究外部效度比较低,本书基于所收集的火炬计划数据,针对模型中政府补贴和债务融资契约的部分结论提出相应假设,进行了经验研究。结果发现,与政府补贴相比,债务融资契约更能促进企业进行产学研合作研发的投入。在经济状况好的时候,在债务融资契约下产学研合作研发效率比在政府补贴下合作效率高;在经济状况差的时候,在政府补贴下产学研合作研发效率比在债务融资契约下合作效率高。经验研究的结果很好地验证了第三章模型推导的相关结果。

(6)为了保证研究结论的稳健性,本研究对比了西安高新技术产业开发区火炬计划中企业产学研合作效率和创业板上市公司的产学研合作效率,发现创业板上市公司的产学研合作效率高于非上市的火炬计划企业产学研合作研发效率,表明市场化的金融工具对产学研合作研发效率有较好地促进作用。

6.1.2 创新点

已有在不完全契约框架下分析合作研发的理论研究,主要是分析纵向合作(买方和卖方)或水平同质合作(两个企业或两个研究机构)中控制权配置问题,没有分析水平异质个体间的合作(产学研合作);而且,之前的研究没有将控制权配置与融资契约结合起来。而有关融资契约与控制权配置关系的研究集中在对债务融资契约和股票融资契约不完全特性的分析上,而忽略了可转债这种内含事后转股决策权的不完全融资契约;并且控制权的配置只关乎投融资双方,没有涉及第三方。针对上述研究的不足,本章紧密结合我国产学研合作研发的特点和我国政府补贴低效的背景,以不完全契约理论作为切入点,将融资契约和控制权配置结合,从"不同融资契约下最优的控制权配置"和"融资契约对产学研合作社会财富的影响"两个角度展开研究,取得了相关创新性的研究成果。

总体而言,本书的创新主要体现在:更加强调融资契约对产学研合作控制权配置的影响,更加强调具有市场特性的金融契约对产学研合作主体的激励作用,据此,创新性地提出了融资契约与控制权结合的产学研合作效率分析框架,对比分析不同融资契约的优劣,并通过经验数据和实验研究对模型分析结论进行了检验。本书的创新性主要体现在以下几方面。

(1)鉴于合作中控制权的配置能提高合作效率、融资方式会影响到企业和研究机构在合作谈判中的地位(进而影响到合作契约中控制权配置),本章基于不完全契约的分析框架,将融资契约与合作契约相结合,构建了以企业为主体的产学研合作效率整体分析框架,结果表明,融资契约对产学研合作的控制权配置方案是有影响的,即不同的融资契约下最优的产学研合作控制权配置方案是不同的。本章给出了不同融资契约下,最优的产学研合作控制权配置方案。

(2)针对我国经济逐步向市场化转型的背景,本书对比了政府补贴与具有市场特性的金融工具在各自最优的控制权配置下对产学研合作效率的影响。结果表明:在经济状况好的情况下,具有市场特性的金融工具(如债务融资契约)能更好地提高产学研合作效率;在经济状况差的情况下,政府补贴对产学研合作研发有较好的激励作用,而且经济状况越差,政府补贴的优势越明显。

（3）考虑到创新本身及经济环境都具有很强的不确定性，所以，含有未来选择权的融资契约与一般的金融工具对创新的激励效果应有不同。本书对比了债务、股权与可转债这三种市场金融工具在各自最优的控制权配置下对产学研合作的激励效果，结果表明：债务融资契约下产学研合作双方的投入水平更高，但经济状况差时，产学研合作效率并不高于其他融资契约的情况；在经济状况不确定的情况下，赋予投资者未来转股选择权的可转债融资契约能够更有效地提高产学研合作研发的效率。

（4）鉴于产学研合作中控制权配置比例和双方的投入以及合作效率难以精确度量，而且控制权配置涉及合作双方的合同，数据难以获得，所以，以往关于产学研合作研发的研究往往仅仅停留在理论分析阶段，本书通过实验室实验方法对第 3 章理论研究结论进行了检验，实验结果很好地支持了模型分析的结论。

（5）由于数据难以获得，目前很少文章对融资契约与产学研合作效率的关系进行数据检验，同时为了补充实验研究外部效度低的不足，本书利用独特的高新区火炬计划的数据对政府补贴和债务融资契约对产学研合作效率的影响进行了对比分析。结果表明，在经济状况好的时候，债务融资契约对产学研合作有较好的激励作用；在经济状况差的时候，政府补贴融资契约对产学研合作有较好的激励作用。进一步地，为了保证研究结论的稳健性，本书通过手工收集创业板上市公司 2010—2012 年的数据，对比了西安高新区火炬计划中企业产学研合作效率和创业板上市公司的产学研合作效率，进一步证明市场化的金融工具对产学研合作研发效率有较好的促进作用。

6.2 政 策 建 议

基于本书的主要研究结论，结合我国转型经济过程中促进产学研合作途径所存在的问题，本部分我们提出相应的政策建议：

（1）发展金融市场，促进金融工具多样化。当前国际金融衍生品市场发展速度惊人，交易品种繁多，交易量巨大，其中仅可转债就有众多衍生品种，如零息可转换票据、可交换可转换债券、可交换强制转换债券等。这些金融衍生产品能够满足特定发行主体在特定发行时期的特定需求，极大地丰富和繁荣了国际资本市场，总体上增加了市场活力，提升了市场效率。但是相对而言，我国国内金融衍生品市场的发展严重滞后，目前中国的债券市场只有少数信用资质很好的企业才能参与。因此，建议我国积极发展金融市场、促进金融工具的多样化尤其是可转债等内嵌未来选择权的动态衍生金融工具，以便为企业进行产学研合作项目融资提供比现在广泛得多的和稳健得多的契约选择,从而提高资本配置以及利用效率。

(2)正确定位政府的角色和职能。虽然很多国家都认同通过政府补贴来促进创新,但并没有认定这是最好的方法,尤其是对于非基础性的应用型研发活动。在我国市场机制不完善、法律监管低效的转型经济背景下,传统的政府在研发方面的投入方式弊端暴露得尤为突出。随着经济的逐步转型,政府对于创新最好的支持不是补贴,而是鼓励投资者之间的竞争,以加快风险投资等科技金融服务的发展。如果忽略了通过金融体系的发展和改革解决企业R&D投入融资来源问题,并不能从根本上有效激励中国企业R&D投入以及促进中国企业可持续成长。只有当经济状况很差的时候,比如经济衰退时,政府的补贴财政政策才相对有效,但也要注意把握好补贴的度。2008年四万亿投资计划就是一个值得我们深思的经验教训。

(3)融资契约选择影响到投资者和企业的现金流以及企业和研究机构之间的控制权配置,进而影响到企业和研究机构在合作中的投入以及合作效率。因此,企业在与研究机构合作前应先选择合适的项目融资契约,进而根据融资契约确定与研究机构的合作契约中关于控制权配置的内容。

(4)融资契约关系到研究机构与企业之间的控制权配置方案,直接关乎双方的利益。Peterson(1993)指出,参加欧洲EUREKA项目的企业很多都抱怨他们不知道项目合作者是否获得了政府补贴。所以,为了维护自身利益,促进产学研合作效率,研究机构在与企业确立合作关系前,应了解企业所选择的项目融资工具。

6.3 研究局限及未来研究方向

本书以不完全契约理论为基础,首先对比分析了债务融资和股权融资对企业创新的影响,进而分析了政府补贴、债务、股权、可转债4种融资契约下,最优的产学研合作控制权配置和双方的投入水平,并对比分析了4种融资契约下的产学研合作社会财富,取得了一定的理论成果。但是从总体上来看,本研究还存在着一定的不足,需要在未来进行进一步的研究。

(1)在第3章的模型研究中,我们基于不完全契约理论考虑了融资契约和合作契约对产学研合作的影响。无论融资契约还是合作契约都属于刚性的契约,没有考虑信任、交流等柔性机制的影响。事实上,双方在长期合作中彼此之间的相互信任和交流机制也会起到重要作用。因此,将信任和交流等因素纳入不完全契约框架,分析产学研合作背景下控制权配置以及融资契约选择问题,是未来研究可以关注的一个方面。

(2)在第 4 章的实验研究中,我们根据模型的 4 种融资契约设计了对应的四个实验,但是在每个实验中,仅仅考虑了 3 种控制权配置的情况,而没有对其他的情况进行讨论。控制权配置的不同必然会对实验中产学研合作双方的激励产生不同的影响,该问题还有待进一步的研究。

(3)在第 5 章的经验研究中,由于数据的可获得性,我们仅仅对比分析了政府补贴和债务融资对产学研合作的影响,而没有分析股权、可转债等其他融资方式对产学研合作的影响。随着资本市场的完善,多种融资方式的应用,有必要对此研究进行拓展。在此研究中,由于数据的局限,我们采用工业总产值和总收入作为产出变量。虽然,火炬计划支持的基本都是高新技术产业,而且当我们控制了是否高新技术产业这一变量时,以工业总产值和总收入作为研发产出有一定的合理性,但是,未来采用专利申请数、新产品销售收入、发明专利数作为研发产出对此问题进行进一步研究是非常必要的。

参 考 文 献

[1] 高艳慧,万迪昉,刘岩.企业合作创新的融资契约选择与控制权配置问题探 讨:基于不完全契约的框架[J].科技管理研究,2018,38(7):225-228.

[2] 章文光,JI L,LAURETTE D. 融合创新及其对中国创新驱动发展的意义[J]. 管理世界,2016(6):1-9.

[3] 叶翠红.融资约束、政府补贴与企业绿色创新[J].统计与决策,2021,37(21):184-188.

[4] 蔡元元.创新我国企业"一带一路"投融资模式[J].宏观经济管理,2021(10):63-68.

[5] 李汇东,唐跃军,左晶晶.用自己的钱还是用别人的钱创新?:基于中国上市公司融资结构与公司创新的研究[J].金融研究,2013(2):170-183.

[6] HANNA H,LOPES-BENTO C. (International) R&D collaboration and SMEs:The effectiveness of targeted public R&D support schemes[J]. Research Policy,2014(6):1055-1066.

[7] BELDERBOS R,CARREE M,LOKSHIN B, et al. Inter-temporal patterns of R&D collaboration and innovative performance[J]. The Journal of Technology Transfer,2015,40(1):123-137.

[8] VEER T,LORENZ A,BLIND K. How open is too open? The mitigating role of appropriation mechanisms in R&D cooperation settings[J]. R&D Management,2016,46(S3):1113-1128.

[9] HOLMSTROM B. Moral hazard in teams[J]. Bell Journal of Economics,1982,13(2):324-340.

[10] GRILLI L,MURTINU S. Selective subsidies, entrepreneurial founders' human capital, and access to R&D alliances[J]. Ssrn Electronic Journal,2018,47(10):1945-1963.

[11] BECKER W,DIETZ J. R&D cooperation and innovation activities of firms-evidence for the German manufacturing industry[J]. Research

Policy，2004 (2)：209 - 223.

[12] TUOMAS T，TANJA T. Adverse selection and financing of innovation：is there a need for R&D subsidies? ［J］. The Journal of Technology Transfer，2010(1)：16 - 41.

[13] NARULA R，DUNNING JH. Explaining international R&D alliances and the role of governments［J］. International Business Review，1998，7 (4)：377 - 397.

[14] 董洁林.谁资助了人类的科学探索?［N］.华尔街日报，2013 - 1 - 10.

[15] DAVID PA，HALL BH. ，TOOLE AA. Is public R&D a complement or substitute for private R&D? A review of the econometric evidence ［J］. Research Policy，2000，29 (4 - 5)：497 - 529.

[16] EINIÖ E. R&D Subsidies and company performance：evidence from geographic variation in government funding based on the erdf population-density rule［J］. The Review of Economics and Statistics，2014，96(4)：710 - 728.

[17] CZARNITZKI D，LOPES-BENTO C. Value for money? New microeconometric evidence on public R&D grants in Flanders［J］. Research Policy，2013，42(1)：76 - 89.

[18] 翟海燕，董静，汪江平.政府科技资助对企业研发投入的影响——基于 Heckman 样本选择模型的研究［J］.研究与发展管理，2015，27(5)：34 - 43.

[19] CZARNITZKI D，LOPES-BENTO C. Innovation subsidies：Does the funding source matter for innovation intensity and performance? empirical evidence from Germany［J］. Industry and Innovation，2014，21(5)：380 - 409.

[20] BRONZINI R，PISELLI P. The impact of R&D subsidies on firm innovation［J］. Research Policy，2016，45(2)：442 - 457.

[21] 程华，赵祥.政府科技资助对企业 R&D 产出的影响：基于我国大中型工业企业的经验研究［J］.科学学研究，2008(3)：519 - 525.

[22] 梁莱歆，马如飞，田元飞.R&D 资金筹集来源与企业技术创新：基于我国大中型工业企业的经验研究［J］.科学学与科学技术管理，2009，30(7)：89 - 93.

[23] 钟腾，汪昌云.金融发展与企业创新产出：基于不同融资模式对比视角［J］.金融研究，2017(12)：127 - 142.

[24] 张一林,龚强,荣昭.技术创新、股权融资与金融结构转型[J].管理世界, 2016(11):65-80.

[25] 刘端,陈诗琪,陈收.制造业上市公司的股权增发、外部融资依赖对企业创 新的影响[J].管理学报,2019,16(8):1168-1178.

[26] 王乾宇,崔静静,田人合.不同股权融资渠道对企业创新的影响:基于中关 村科技企业的微观检验[J].商业研究,2020(9):142-152.

[27] 刘家树,张娟.股权融资对创新模式选择的影响效应研究:基于创新投入 的中介作用[J].科学管理研究,2019,37(6):105-112.

[28] 汪军.创业板上市公司融资结构与研发投入研究[J].财会月刊,2019(4): 48-58.

[29] 宋玉臣,任浩锋,张炎炎.股权再融资促进制造业企业创新了吗:基于竞争 视角的解释[J/OL].南开管理评论:1-27[2022-12-03].

[30] 高艳慧,万迪昉.企业性质、资金来源与研发产出:基于我国高技术产业 的经验研究[J].科学学与科学技术管理,2011,32(9):146-156.

[31] 赵中华,鞠晓峰.技术溢出、政府补贴对军工企业技术创新活动的影响研 究:基于我国上市军工企业的实证分析[J].中国软科学,2013(10): 124-133.

[32] 毛其淋,许家云.政府补贴对企业新产品创新的影响:基于补贴强度"适度 区间"的视角[J].中国工业经济,2015(6):94-107.

[33] 林洲钰,林汉川,邓兴华.政府补贴对企业专利产出的影响研究[J].科学 学研究,2015,33(6):842-849.

[34] 吴剑峰,杨震宁.政府补贴、两权分离与企业技术创新[J].科研管理, 2014,35(12):54-61.

[35] 杨洋,魏江,罗来军.谁在利用政府补贴进行创新?:所有制和要素市场扭 曲的联合调节效应[J].管理世界,2015(1):75-88.

[36] Williamson OE. Corporate finance and corporate governance[J]. Journal of Finance,1988,43(3):567-591.

[37] DAVID P,O'OKIEN JP,YOSHIKAWA T. The implications of debt heterogeneity for R&D investment and firm performance[J]. Academy of Management Journal,2008,51(1):165-181.

[38] 温军,冯根福,刘志勇.异质债务、企业规模与R&D投入[J].金融研究, 2011(1):167-181.

[39] BROWN RJ,FAZZARI SM,PETERSEN BC. Financing innovation and growth:cash flow,external equity,and the 1990s R&D Boom[J].

Journal of Finance，2009（64）：151 - 185.

[40] 夏冠军,陆根尧. 资本市场促进了高新技术企业研发投入吗:基于中国上市公司动态面板数据的证据[J].科学学研究，2012,30(9):1370 - 1377.

[41] HSU P，TIAN X，XU Y. Financial development and innovation：cross country evidence[J]. Journal of Financial Economics，2014，112（1）：116 - 135.

[42] 许昊,万迪昉,徐晋. VC 与 PE 谁是促进企业创新的有效投资者？[J].科学学研究,2015，33(7):1081 - 1088.

[43] LEWIS CM，TAN YX. Debt-equity choices，R&D investment and market timing [J]. Journal of Financial Economics，2016，119(3):599 - 610.

[44] ACHARYA V,XU ZX. Financial dependence and innovation：The case of public versus private firms [J]. Journal of Financial Economics，2017,124(2):223 - 243.

[45] 陈岩,张斌,翟瑞瑞.国有企业债务结构对创新的影响:是否存在债务融资滥用的经验检验[J].科研管理,2016,37(4):16 - 26.

[46] PHAM LTM，LAI VV ，LE HTT，et al. Asset liquidity and firm innovation[J]. International Review of Financial Analysis，2016，58（JUL.）:225 - 234.

[47] HART O，MOORE J. Incomplete contracts and renegotiation[J]. Econometrica，1988，56 (4)：755 - 785.

[48] CASSIMAN B. Research joint ventures and optimal R&D policy with asymmetric information [J]. International Journal of Industrial Organization，2000，18(2)：283 - 314.

[49] HINLOOPEN J. More on subsidizing cooperative and noncooperative R&D in duopoly with spillovers[J]. Journal of Economics，2000，72(3)：295 - 308.

[50] FOLSTER S. Do subsidies to cooperative R&D actually stimulate R&D investment and cooperation？[J]. Research Policy，1995，24（3）：403 - 417.

[51] BALLESTEROS. Public financing of cooperative R&D projects in Spain：the concerted projects under the national R&D plan[J]. Research Policy，2001，30(4)：625 - 641.

[52] 曾琼,傅强. 非对称信息条件下政府对互补性研发合作体的激励政策选择理论及实证研究[J]. 研究与发展管理，2008，20 (6)：16 - 22.

[53] 生延超. 创新投入补贴还是产品补贴:技术联盟政府策略选择[J]. 中国管理科学,2008,16(6):184 - 192.

[54] 齐欣,王策. 政策边界视角下政府补贴对企业研发模式的影响[J]. 科技进步与对策,2015,32(5):100 - 105.

[55] 黄贤凤,武博,王建华. 政府研发资助、合作研发与企业创新绩效关系研究[J]. 软科学,2014,28(1):15 - 19.

[56] SANTAMARíA L,BARGE-GIL A,Modlego A. Public selection and financing of R&D cooperative projects:credit versus subsidy funding[J]. Research Policy,2010,39(4):549 - 563.

[57] ROSENKRANZ S,SCHMITZ PW. Optimal allocation of ownership rights in dynamic R&D alliances[J]. Games and Economic Behavior,2003(43):153 - 173.

[58] LI J,ZHOU C,ZAJAC E J. Control,collaboration,and productivity in international joint ventures:theory and evidence[J]. Strategic Management Journal,2009,30(8):865 - 884.

[59] MANTECON T,SONG K,LUO H. The control and performance of joint ventures[J]. Financial Management,2016(2):431 - 465.

[60] 李东,罗倩. 创新获利条件、合作控制权与载体商业模式:基于 C - P - C 逻辑的合作 创新控制权分析框架[J]. 中国工业经济,2013(2):104 - 116.

[61] 马家喜,金新元. 一种以企业为主导的"产学研"集成创新模式:基于合作关系与 控制权视角的建模分析[J]. 科学学研究,2014,32(1):130 - 139.

[62] 高艳慧,万迪昉,吴祖光,等. 所有权配置与合作 R&D 创新投入——实验研究[J]. 管理工程学报,2014,28(3):11 - 17.

[63] 徐细雄,刘星,杨卓. 风险投资合约中控制权配置理论综述[J]. 科研管理,2011,32(4):128 - 135.

[64] 汤洪波. 现代资本结构理论的发展:从 MM 定理到融资契约理论[J]. 金融研究,2006(2):70 - 77.

[65] SCHMIDT KM. Convertible securities and venture capital finance[J]. The Journal of Finance,2003,58(3):1139 - 1166.

[66] 李建军,费方域,郑忠良. 基于风险资本控制权实施的融资工具选择研究[J]. 管理科学学报,2010,13(2):41 - 49.

[67] 费文颖,杨扬. 风险企业家完全控制权下风险投资家持股比例及再谈判[J]. 科学学与科学技术管理,2013,34(5):152 - 159.

[68] 陈庭强,丁韶华,何建敏,等. 风险企业融资中控制权转移与激励机制研究[J]. 系统工程理论与实践,2014,34(5):1145 - 1152.

[69] 刘海洋,孔祥贞,马靖. 补贴扭曲了中国工业企业的购买行为吗?:基于讨价还价理论的分析[J]. 管理世界,2012(10):119 - 129.

[70] 代建生,范波. 基于纳什谈判的合作研发利益分配模型[J]. 研究与发展管理,2015, 27(1):35 - 43.

[71] SIMONE W,CHRISTINE M. Going public：How stock market listing changes firm innovation behavior[J]. Journal of Marketing Research, 2015,52(5):694 - 709.

[72] 何威风,刘怡君,吴玉宇. 大股东股权质押和企业风险承担研究[J]. 中国软科学,2018(5):110 - 122.

[73] 黎文靖,郑曼妮. 实质性创新还是策略性创新?:宏观产业政策对微观企业创新的影响[J]. 经济研究,2016,51(4):60 - 73.

[74] BROCAS I. Optimal regulation of cooperative r&d under incomplete information[J]. The Journal of Industrial Economics，2004，52 (1)：81 - 119.

[75] SOCORRO MP. Optimal technology policy under asymmetric information in a research joint venture [J]. Journal of Economic Behavior & Organization，2007，62(1)：76 - 97.

[76] 谢刚. 基于控制权动态配置的可转债融资契约设计研究[D]. 西安:西安交通大学，2006.

[77] 徐细雄. 基于控制权动态配置的可转债契约对管理者激励约束效应的研究[D]. 西安:西安交通大学，2007.

[78] MANFRED K,VITAL A, SIMON G. Efficient contracting and fair play in a simple principal-agent experiment[J]. Experimental Economics，2007，5 (1)：5 - 27.

[79] SIRMANS CF, YAVAS A. Real options：experimental evidence[J]. Journal of Real Estate Finance and Economics，2005，31 (1)：27 - 52.

[80] 万迪昉,淦未宇,徐细雄. 企业控制权动态配置的内在机理及其治理效应:实验的证据[J]. 经济科学，2008，3 (4)：87 - 98.

[81] ISAAC M, REYNOLDS SS. Appropriability and market structure in a stochastic invention model[J]. Quarterly Journal of Economics，1988，103(4)：647 - 671.

[82] ZIZZO DJ. Racing with uncertainty：a patent race experiment[J].

International Journal of Industrial Organization，2002，20（6）：877 - 902.

[83] FEHR E，FALK A. Psychological foundations of incentives[J]. European Economic Reivew，2002，46（4 - 5）：687 - 724.

[84] 万迪昉. 实验管理学[M]. 北京：高等教育出版社，2005.

[85] CAMERER CF，FEHR E. Measuring social norms and preferences using experimental games：a guide for social scientists[J]. Social Science Electronic Publishing，2004.

[86] GROSSMAN SJ，Hart OD. The costs and benefits of ownership：a theory of vertical and lateral integration[J]. Journal of Political Economy，1986，94（4）：691 - 719.

[87] RAFF H，RYAM M. Firm-specific characteristics and the timing of foreign direct investment projects[J]. Review of World Economics，2008，14（1）：1 - 31.

[88] 王少飞，孙铮，张旭. 审计意见、制度环境与融资约束 ：来自我国上市公司的经验分析[J]. 审计研究，2009(2)：63 - 72.

[89] PETERSON J . Assessing the performance of European collaborative R&D policy：The case of Eureka[J]. Research Policy，1993，22(3)：243 - 264.